拒绝控制型养育

李飞 著

云南科技出版社
·昆明·

图书在版编目（CIP）数据

拒绝控制型养育 / 李飞著 . -- 昆明 : 云南科技出版社 , 2024. 11. -- ISBN 978-7-5587-6029-7

Ⅰ. G78

中国国家版本馆 CIP 数据核字第 2025SS2267 号

拒绝控制型养育

JUJUE KONGZHIXING YANGYU

李飞　著

出 版 人：温　翔
责任编辑：叶佳林
特约编辑：刘慧滢
封面设计：韩海静
责任校对：孙玮贤
责任印制：蒋丽芬

书　　号：ISBN 978-7-5587-6029-7
印　　刷：三河市燕春印务有限公司
开　　本：710mm × 1000mm　1/16
印　　张：12
字　　数：142千字
版　　次：2024年11月第1版
印　　次：2024年11月第1次印刷
定　　价：59.00元

出版发行：云南科技出版社
地　　址：昆明市环城西路609号
电　　话：0871-64192752

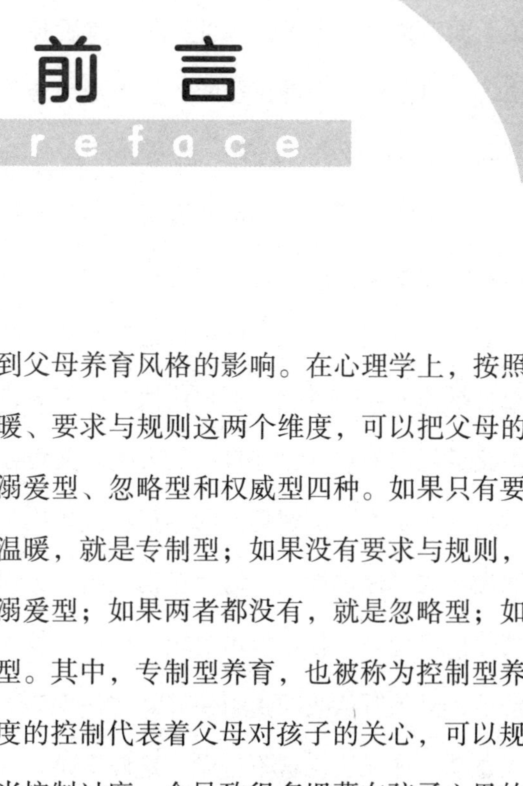

前 言

preface

孩子的成长往往受到父母养育风格的影响。在心理学上，按照父母对孩子的关爱和温暖、要求与规则这两个维度，可以把父母的养育方式分为专制型、溺爱型、忽略型和权威型四种。如果只有要求与规则，没有关爱和温暖，就是专制型；如果没有要求与规则，只有关爱和温暖，就是溺爱型；如果两者都没有，就是忽略型；如果两者都有，就是权威型。其中，专制型养育，也被称为控制型养育。在教养孩子时，适度的控制代表着父母对孩子的关心，可以规范孩子的行为。然而，当控制过度，会导致很多埋藏在孩子心里的隐患，容易使孩子形成对抗、自卑、焦虑、退缩、依赖等不良的性格特征。

父母如何对待孩子，常常受到其父母如何对待他们的影响。很多时候，控制型父母也是被控制长大的。当他们有了自己的孩子，也自然地将曾经的亲子关系的共生状态带到了新的关系中。在他们眼中，孩子并非一个独立的个体，而是“我的”一部分。他们在某种程度上丧失了自我，也压缩了孩子的自我。他们几乎把“培养出一个优秀的孩子”当成了生命中唯一的事业。一旦这项“事业”进展得不太顺利，他们便会陷入深深的焦虑，表现在行为上，就是在孩子面前抱怨、卖惨，或者训斥与指责孩子。他们的确为孩子付出很多，但他们心里更在意的，似乎是优秀孩子给自己带来的虚荣感与满足感，又或者，还有一些安全感。

控制型家庭的父母看上去很宠爱孩子，可是控制欲又很强。他们常常过度保护孩子，但这份保护的底层逻辑，是不相信孩子的判断能力，不相信他们可以独自处理好自己的事情，不相信他们能够独自抵挡外界的风险，不相信他们能够为自己的人生承担起责任，不相信他们能够经营好自己的人生。父母在想要控制孩子的愿望背后，其实是为了实现自己的愿望：我想成为一个好家长！所以，我愿做你的“保护神”，为你遮挡风雨，为你铺就一条平坦的道路，替你做出选择，替你作出决定；而你，就如同温室中被精心呵护的幼苗，只须听从我的指引便好。这份操碎了心的父母之爱，着实令人感动。你无法说这不是爱，这确实是爱，只是这种爱无形中剥夺了孩子作为独立个体的自由。

控制型家庭的父母当然希望孩子越来越好，但却常打着“为你好”的旗号，忽视孩子的想法。比如，问孩子喜欢红色笔袋还是蓝色笔袋，孩子说想要蓝色的，父母却认为还是红色的好，最后坚持给孩子买了红色笔袋。过度的干涉，导致孩子在面对现实挑战时，缺乏应有的应对能力。控制型家庭里，一定有不善于向外发泄情绪，只把情绪向家中倾泻的父母吧。他们并不鼓励或关心孩子的情感表达，因而在控制型家庭中成长的孩子，多数不善于情感表达。由于长期缺乏养育者的认可与鼓励，孩子的内心深处被自卑感深深笼罩，习惯于将负面情绪默默积压在心底，不愿或不敢向外人透露。他们内心深处极度渴望爱的滋养，却常常感觉被爱所遗忘。尽管从小到大，父母总是告诉他们自己对他们投注了全部心血，但实际上，他们感到自己的精神世界无人能够理解。

孩子在被溺爱与被控制的矛盾中成长，被迫成为“懂事”的孩子。由于在家庭环境中缺乏认同与支持，父母往往无法理解或尊重他们的兴趣、价值观以及独特的个性特征，这使得他们长期沉浸在被误解与被孤立的痛苦之中。他们时常因亲子关系的纠葛而感到绝望与恐惧，明明自己还是个孩子，却不得不承担起照顾大人情绪的责任。长期过度的干涉如同无形的枷锁，致使他们在成年后依然无法摆脱满足他人需求的束缚，无法建立起属于自己的边界感。因此，他们往往缺乏自我保护的能力，容易成为别人手中的软柿子，任凭他人肆意践踏自己的信任与善良。更令人痛心的是，当遭受伤害时，他们还可能被指责为自作自受。

《拒绝控制型养育》一书，深入、全面地剖析了控制型教养方式对孩子造成的种种成长危害。它们屡见不鲜，却不容忽视。本书力求带给家长的，不仅仅是正确的教养方法，更是深刻的思维重塑。本书不煽情、不做作，但内容可能很“扎心”，但正因为“扎心”，才能使我们及时警醒。阅读本书，回顾往昔，我们是否操纵过孩子，或者也被父母操纵过？而那些往事在他们或者我们心里，究竟留下了什么？因此，本书不仅仅是你需要共情式阅读的育儿书，同时也是你对自己原生家庭和成长经历的回溯指南，让你可以更好地借鉴有益的经验，调整和优化育儿方案，让孩子在更健康、更积极的养育环境中茁壮成长。

目 录

contents

chapter 04

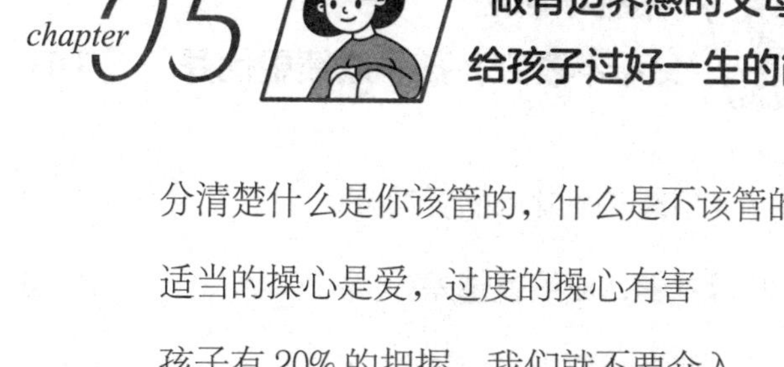

chapter 05

那些“千疮百孔”的孩子，都有一个父母强势的童年

被父母“欺负”的孩子，一辈子都在向世界乞讨爱

随着岁月流转，每个人的生理童年终究会渐行渐远，然而，心灵的童年烙印，却有可能如影随形。尤其是那些心理曾经受到父母伤害的孩子，内心深处往往会留下难以磨灭的创痕。

原生家庭档案

曹菲坐在看守所里，看上去也就二十一二岁的样子。这样一个青春靓丽的女子，本该坐在明亮的教室里读书学习，如今却触犯了律法。

曹菲是个自卑感很重的人，她平时话很少，只有在网络上才能敞开心扉，可没想到后来却因此受到了不良诱导。

提到父母时，曹菲秀丽的脸庞上满是愠怒。“你永远不会知道，在一个父母都糟糕的家庭里，生存环境是多么恶劣。在那个家里，永远没有人看见你，尊重你，重视你。哪怕是最微小的要求，都会被家人以‘为了你好，所以不能宠坏了你’为借口而拒绝。”

“别人家的孩子，想要什么爸爸妈妈就给买什么，而我呢，想买个漂亮书包，也被我爸妈说成是盲目攀比。在他们眼里，我只要一顶嘴，就是大逆不道。如果我哪次考试没有考好，他们就念叨不应该花钱供我读书。所以，我只能撒谎，因为只有撒谎，我才能得到一些自己想要的东西。就这样，从小到大，面对我爸妈，我几乎从来没说过一句真话！

“为了彻底摆脱他们，我高中辍学后，就再也没回过那个家。哪怕生活再艰难，我也不会回到那个骨子里根本不疼我的地方。我爸妈逢人便说，养我养亏了，在我身上花了那么多钱，也不知道挣钱还给他们，说我没良心。

“没过多久，我就和一个在网上认识的男人领证了，他不是父母给我挑选的有钱老男人，而是一个和我一样，对‘家’有着严重心理创伤的穷小子。我不确定自己是否真的爱他，但至少，我终于有了一个可以长久落脚的地方！

“后来，我发现他没钱的时候会去偷别人的东西，我也就跟着他一起行动，因为，至少他是真心对我好的。”

清醒点！你已经伤了孩子

教养孩子，专业的教育知识固然重要，但更为关键的是情感滋养。情感上的细微疏忽，或许在父母眼中微不足道，却可能给孩子留下极大的负面影响，甚至可能是一生的遗憾。

儿童心理学的研究揭示了一个令人深思的现象：在童年时期，如果

孩子的主要抚养者让孩子感受到两周以上的情感忽视，无论是出于无意还是有意，都可能对孩子造成难以愈合的心灵伤痕。

我们很多时候并非故意让孩子承受不良的心理体验。父母都深爱着自己的孩子，但有时，生活的压力、一时的疏忽、对孩子过高的期望，或是对他们不能成大器的失望，都可能成为无意中伤害孩子的原因。

若孩子在童年时期缺乏关爱，他们内心会自然而然地滋生出一种“被遗弃”的情感投射。这种感受或许会随着年龄的增长而有所变化，或增强，或减弱，但那段童年的心理印记，如同刻在心头的疤痕，难以被时间抹去。可以预见的是，多数在童年缺乏关爱的孩子，在成长过程中往往难以体验到真正的快乐，难以与人建立起正常的人际关系。

孩子的心灵如同一张纯洁无瑕的白纸，理应被爱与希望渲染出绚丽的色彩。然而，对于那些在童年时期缺乏关爱的孩子来说，他们的内心世界却显得黯淡而沉重。他们将自己的心灵深藏起来，既不敢也不愿向外界敞开。随着时间的推移，他们的心门越发紧闭，内心的世界也变得越来越狭小，而生活的压抑感则与日俱增。

正确的教养方式

我们内心的潜意识，在悄然间决定着我们的情绪是欢愉还是沉痛。倘若孩子在回忆童年时感到痛苦，那么这种痛楚便会在他们的潜意识中生根发芽，深深烙印在心灵深处，难以被岁月抹去。

第一，陪伴是教育的开始

父母的陪伴，价值远超世间一切的物质滋养。在孩子 12 岁之前，父母是他们内心深处最重要的依托，是他们最信任、最依赖的港湾。在这一阶段，如果父爱、母爱没有得到满足，孩子有极大的可能会成为“问题儿童”。而当孩子跨过12岁以后，他们的性格、习惯以及世界观已然基本定型，你再想补救，恐怕为时已晚。

诚然，为了生活，赚钱很重要，但孩子更重要。不要以赚钱为借口去逃避教育和陪伴孩子的责任，否则，将来后悔的一定是你。

第二，关系大于管教

苏霍姆林斯基曾说，教育技巧的全部奥秘，就在于如何爱孩子。明智地爱孩子，这无疑是教育素养、思想和感情的顶峰。父母深沉的爱，远比千言万语的说教来得更有力量。

当我们察觉到孩子存在问题时，首要之务应该是致力于改善亲子关系。请记住，孩子之所以不听话，之所以出现种种问题，往往源于他们对自己与父母之间的关系感到不满。父母需要与孩子建立起深厚的信任和共情，顺势引导亲子关系，才能水到渠成。

第三，用情胜过说理

孩子们天生便拥有一种直觉能力，能够敏锐地感知到父母对自己的态度。这种直觉在孩子年幼时尤为强烈。你的不良态度或敷衍，孩子全都能够看在眼里，记在心里。因此，在家庭教育中，父母应该将“情”置于首位，以情感育人。特别是对于那些内向而敏感的孩子，情感的力量对于他们的影响更是无法估量。

强势控制，心理破碎，孤独与毁灭

教育的对立面便是操纵。当父母以爱为名，试图掌控孩子的每一个选择时，他们或许以为自己正在为孩子塑造一个“完美人生”。然而，那种被预设的人生，往往是孩子内心最不愿意接受的。孩子或许会表现出顺从的模样，但内心深处却充满压抑与无奈，这些负面情绪如同隐秘的暗流，一直在孩子心中悄然涌动，难以消散。

原生家庭档案

生活中，陈庆刚给人的印象是安静、内向，甚至有些害羞。没有人会想到，这个看上去人畜无害的年轻人，竟然会将人非法软禁起来。但如果你知道他从小到大经历了什么，对于这样的结果，或许就不会感到意外。

陈庆刚的成长环境并不好。他的父亲酗酒，或许对他来说，酒比孩子重要。他的母亲偏执并且脾气暴躁，对于“道德”有着极为苛刻的要求。

在陈庆刚还年幼懵懂的时候，为了保证自己的孩子不被坏人教坏，母亲便对儿子说："不要随意交朋友，最好离那些坏孩子远一点！"

孤独的陈庆刚常常独自坐在教室的角落。对他来说，学校只是一个比家里更宽敞、人数更多的地方，并没有其他意义。乖巧听话的陈庆刚在母亲的影响下，本能地认为母亲的教诲是毋庸置疑的。就这样，他选择了自我孤立。

陈庆刚的父母比较排斥外人，家中鲜有访客，就连亲戚也极少登门。

陈庆刚上初中以后，或许是因为自己的婚姻不幸福，又或许是为了防止孩子早恋，母亲常常对儿子灌输这样一种观念："在你这个年龄，喜欢女孩子是不道德的，是可耻的！"她竭尽全力去遏制儿子对于异性的天然好奇心，到后来甚至偏激到让他发誓大学毕业之前不许交女朋友，否则不会给他一分钱学费。

青春期的男孩子自然无法抑制对异性的亲近心态，但被母亲发现后，在辱骂、体罚、不许吃饭等一系列手段的加持下，陈庆刚逐渐变得情绪麻木起来。

陈庆刚的世界里，没有朋友，对异性也敬而远之。他的生活中只有酗酒的父亲、严厉的母亲。这样的成长环境，塑造了他异常孤僻、不谙世事的性格。

陈庆刚的高中生活还算宁静。他没有考上大学，毕业后就在离家不远的小镇打零工，每天两点一线，早出晚归，也

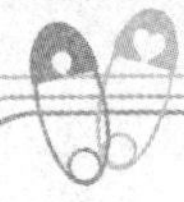

没有什么业余娱乐。在认识他的人看来，他只是一个极度内向、易于羞涩、很不合群的年轻人。

然而，连续的变故打破了这份宁静。随着父亲和母亲的相继离世，陈庆刚体验到了前所未有的孤寂。他的生活中再无亲人、朋友。他唯一能感受到的，只有无尽的空虚与孤独。

由于母亲的严格管束，陈庆刚缺乏与人交往的能力。因此，尽管母亲的去世让他感到一丝解脱，却也让他陷入了无所适从的境地。因为他不知道该向谁寻求慰藉。

或许老天见怜，一个叫王玫的女孩，这时在陈庆刚的世界里出现了。

王玫是小镇卫生院的女护士，那次陈庆刚在高温下给人盖房中暑，得到了王玫的“悉心照料”，这使陈庆刚被母亲生前层层加固的异性观出现裂痕，他开始怀疑母亲对女性的评价，这种想法越抑制越汹涌，最后如冰川崩塌，一发不可收拾。

在鼓起勇气向王玫表白遭到拒绝后，陈庆刚心中只有一个想法：我不能没有她，我绝不能让她离开我。在王玫夜班下班回家途中，陈庆刚强行将她带到了自己在山上搭建的简易房中，仅此而已。

面对闻讯迅速赶来的解救人员，陈庆刚声泪俱下：“我没有想过要伤害她，也没有伤害她，我只是希望她能够留在我身边啊！”

清醒点！你已经伤了孩子

当不良内在关系模式在孩子的内心留下烙印时，这一模式往往会渗透到他们社会交往的每一个角落，使他们在未来的人际关系中，更容易扮演受害者或施暴者的角色。

例如，若父母有暴力倾向，常常呵斥、体罚或操控孩子心理，孩子成年后便可能走向两种极端：一种是习惯了“受虐”的角色，变得逆来顺受，委曲求全；另一种则可能会效仿父母的行为，占有欲与控制欲也极强，甚至带有暴力倾向。前一种个性，容易遭受他人的伤害；而后一种个性，则多半会对他人造成伤害。无论何种情形，都将严重阻碍他们构建正常的社会关系。

在父母强势阴影下成长的孩子，其心灵往往在不自觉中被束缚，个人行为也会受到限制。他们自幼便可能开始承受心理上的自卑、胆怯与不自信，在行为上则显得依赖性强、责任感匮乏。而当这些孩子步入成年以后，与原生家庭关系的矛盾更易凸显，甚至可能对家庭产生极强的抵触心理。这些影响，往往需要他们耗费一生的时光去慢慢疗愈，而有些伤痕，或许永远都无法完全抚平。

正确的教养方式

父母养育孩子，至关重要的一环便是学会克制自身的控制欲望，明确亲子间的适当界限。我们的目标是引领孩子逐步迈向独立，培养他们自我管理的能力，让他们能够自由地书写属于自己的精彩人生。这样的引导，才是孩子们在追寻个人幸福与健康成长时真正渴求的。

第一，父母自爱，孩子才会更有价值

作为家长，有时会因自己的生活不尽如人意，而不自觉地将所有美好的希望寄托在孩子身上。但请记住，父母的价值并非源自孩子，孩子也不是父母的附属品。在成为父母之前，我们首先是自己，拥有自己的价值和追求，并始终在探索和实现这些价值。

第二，将选择权与自主权归还给孩子

家长不要总是忽视或否定孩子的感受和想法，仅凭自己的经验来为孩子做决定。在一些非原则性的问题上，要允许孩子按照自己的意愿行事。即使他们的选择可能不尽完美，但他们能从中思考、学习并获得成长。更重要的是，这样能让孩子感受到自我做主的自主权的力量，产生愉悦感和成就感，这对他们的成长和成熟至关重要。

第三，可以给予孩子建议，但不要替他们做决定

家长应该注重与孩子的沟通和商量的过程，不应该把沟通看作让对方听从自己意见的“控制”，而应该把沟通始终看作表示支持、认可对方的商量。要学会倾听孩子的感受，而不是单方面地做主。当孩子需要时，我们可以提供建议，但要让他们自己学会取舍和判断。记住，不要强求孩子一定要采纳我们的建议。

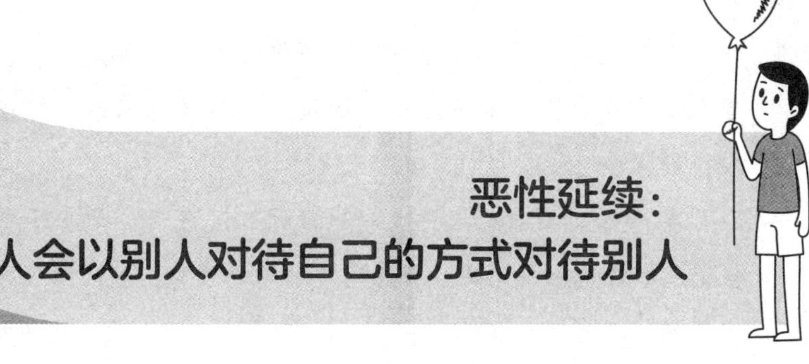

恶性延续：人会以别人对待自己的方式对待别人

原生家庭的负面影响常常具有毁灭性。许多经历灰暗童年的孩子，长大以后依然不断挣扎。糟糕透顶的家庭关系使他们的内心充满混乱与阴霾，他们从亲子关系中学到的更多是攻击与仇恨，而不是温暖与宽容。

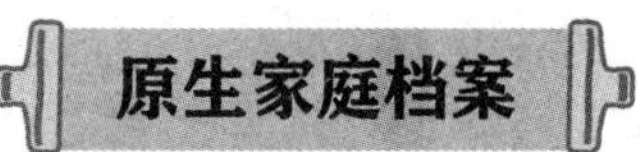

原生家庭档案

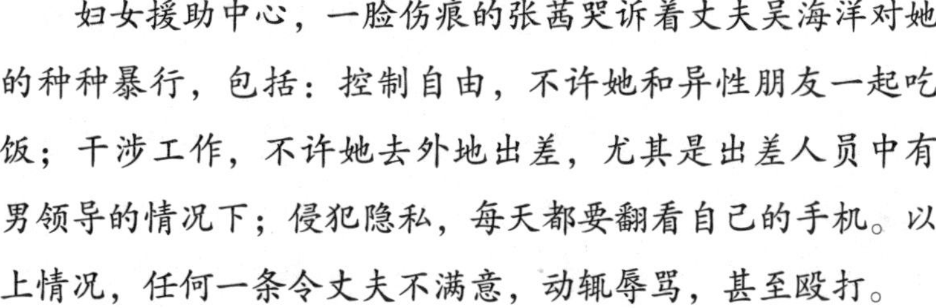

妇女援助中心，一脸伤痕的张茜哭诉着丈夫吴海洋对她的种种暴行，包括：控制自由，不许她和异性朋友一起吃饭；干涉工作，不许她去外地出差，尤其是出差人员中有男领导的情况下；侵犯隐私，每天都要翻看自己的手机。以上情况，任何一条令丈夫不满意，动辄辱骂，甚至殴打。

吴海洋则是一脸的怒气："我还不是因为爱你吗？我也是为了咱们这个家好！"

说这番话时，吴海洋脸上的表情和他已故的父亲一模一样。

吴海洋的父亲是一个控制欲很强的人，或者说，骨子里的自卑使他害怕失去一切，因而，只能竭尽所能地想要控制一切。

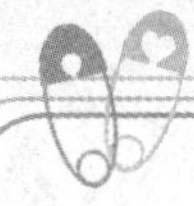

在吴海洋出生的那个村子里，他父亲的名声并不好，村里人多多少少有些看不起他，还说，吴海洋的母亲“嫁错了人，毁了一生”。

吴海洋父亲自己或许也对这段婚姻没底气，把妻子看得很紧，不让她出去上班，不让她参加同学聚会，不让她和男人多说话，而且还振振有词：“女人不应该在家相夫教子吗？”

吴海洋母亲忍受不了的时候，就和他父亲吵，吵得厉害了，换来的就是一顿打。每一次被打，她都会趁丈夫不在的时候跑回娘家，然后吴海洋的父亲就去岳父母家哭求：“跟我回去吧，我还不是因为爱你吗？”

岳父母也说：“跟他回去吧，家丑不可外扬，还能真离婚啊！你们不要脸，我们还要呢！”

每一次，吴海洋的父亲都能成功把妻子接回家来，改头换面一段时间后，又旧态复萌。两个人的闹剧周而复始。而年纪小小的吴海洋早已习以为常，在他的认知里，居家过日子大概就是这个样子。

吴海洋的父亲在外面唯唯诺诺，但在儿子面前却是个权威感十足的人物，他主张“儿子不打不成才”，信奉“棍棒底下出孝子”。在这方面，夫妻二人的观点倒是出奇的一致，于是从小到大，只要犯错，不是妈妈骂，就是爸爸打。如果错误严重一点，就是“混合双打”。

每一次挨打后，吴海洋都要哭哭啼啼地聆听父母的教诲：“哪有父母会不爱自己的孩子？我们打你也是为你好，不打你，你就要学坏。等你以后有了家，有了自己的孩子，

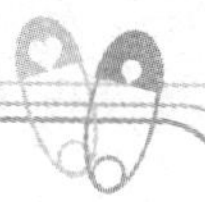

就会明白了。”

长大以后，吴海洋似乎真的领悟到了一个道理：爱，原来是打出来的。

清醒点！你已经伤了孩子

——童年的虐待与忽视，如同潜藏的毒蛇，其毒液能悄然渗透岁月的壁垒，使成年后的个体内心扭曲，潜藏犯罪倾向！

——无论是肉体上的摧残，还是精神上的凌虐，都无异于在儿童纯真的心灵土壤中播撒仇恨的种子，待其生根发芽，终将绽放邪恶之花！

心理学告诉我们：人，往往会以他人对待自己的方式，哪怕只是主观臆断的方式，来回应这个世界与他人。这就是昔日行为的回响与悲剧的轮回，也是某些童年不幸的孩子常常伴有心理障碍的原因。

尽管某些经历灰色童年的孩子，其外表与常人无异，但内心深处，却往往承载着难以言喻的伤痕——或为深重的孤寂，或为刻骨的自卑，或为压抑的愤怒，它们如同儿时创伤的“冤魂”，以隐秘之姿，诉说着过往的悲伤与苦楚。

及至长大成年，他们中的部分个体试图以自我补偿的方式，修补破碎的自我，却不幸误入歧途：他们变得更为冷漠、愤世、霸道，易于放纵于恶行之中，心怀怨恨，寻求报复或暴力征服，以此作为对过往凌虐的回应。

换而言之，如果孩子在生命的关键时期，尤其是童年，未曾获得足够的重视与尊重，当他们成年后有能力之时，必倾尽所有，寻求他人的补偿式尊重。即便这份“重视”与“尊重”中，混杂着厌恶、恐惧与憎恨，他们也在所不惜。

正确的教养方式

亲子教育，其核心并不是要求孩子做什么，而是父母如何做好自己。孩子往往通过模仿父母进行学习与成长，那么，父母就应该让自己值得孩子模仿。

第一，尊重是首要

孩子首先是一个独立的个体，他们也有自己的思想与见解。无论这些想法显得多么稚嫩，作为父母，应该学会倾听他们的心声，并基于倾听去理解，进而给予恰当的引导，并最终提出建议。

第二，理解很重要

很多时候，我们自认为对孩子了如指掌，但事实并非如此。作为父母，更多时候需要深入去理解孩子，或者说，需要努力“读懂”他们。

第三，营造稳定温馨的成长环境

孩子需要一个稳定、温馨且安全的生活环境作为其成长的港湾。父母应为孩子打造一个充满正能量的家庭氛围，致力于构建和谐的家庭关系，让孩子在这样的环境中培养出安全感与信任感，为他们的健康成长奠定坚实的基础。

孤僻成性：父母的无知，种下的因果

当一个孩子深沉而认真地告诉你，他喜欢孤独时，他一定存在某种程度的心理问题。这份孤独于他而言，绝不是享受宁静，而是一种心灵的自我庇护，一种自我设下的心灵屏障。换言之，他将孤独转化成一种自我保护的方式，以此来抵御外界的风风雨雨。

原生家庭档案

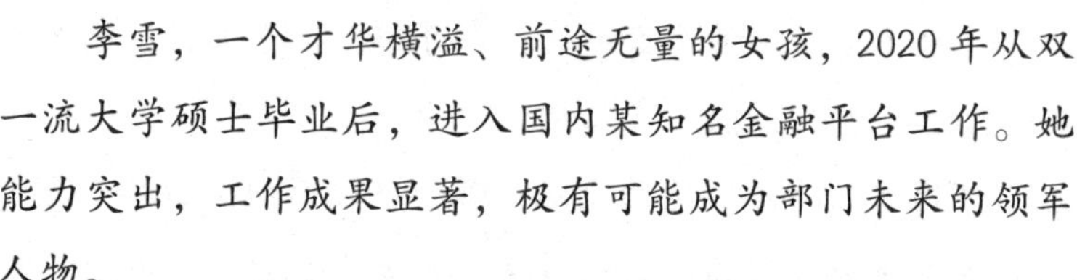

李雪，一个才华横溢、前途无量的女孩，2020 年从双一流大学硕士毕业后，进入国内某知名金融平台工作。她能力突出，工作成果显著，极有可能成为部门未来的领军人物。

然而，在一次项目攻坚阶段，平生第一次遭受如此挫折的她突然心理崩溃，不得不接受专业治疗，前程似锦的她不得不暂时停止前行。

她曾对父母坦言："我没有朋友，我也感觉不到快乐。"

在李雪的博文中，她断断续续回忆了自己的童年生活：

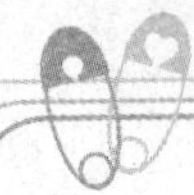

“上幼儿园的时候，我就常常感到恐惧和孤独。我没有朋友，因为爸爸妈妈不允许我随意交朋友，他们的理由是‘不要学坏了’。而我，又是那么可笑地自闭和敏感，别人随便对我说点什么，我都会当真，因此逆反和打击心理非常强。这种没有朋友的状态一直持续到了初中。好不容易交了几个女生好朋友，却还都被我气走了。

“为了完成父母为我设计的人生规划，我付出了极大的努力。高中时，我曾一边学习，一边考钢琴六级。父母给我报了五个兴趣班，琴棋书画舞，在此期间，我还要马不停蹄地补习各种功课。最后我用尽十二分的努力，成功考进了父母满心欢喜的那所大学。”

大学时期乃至参加工作以后，李雪依然没有朋友，父母的“悉心教导”使她早早养成了遗世而独立的风范。与同学、同事出现矛盾，她既不妥协也不抗争；在所有团队项目中，她只倾向于主导，并不喜欢合作；她对任何人、任何事，既不热情也不冷酷。她自有她的“象牙塔”，在那里，她孤傲而又孤独地存在着。

任何人试图接近她的生活，都会令她感到惶恐和不适，这并不是说她要用高冷的面纱来使自己变得更具吸引力，只因为这会有碍她的独处。她总是刻意与别人保持着情感距离，回避与任何人进行深入的情感接触。

无论是面对竞争还是合作，她都好像给自己划了一个孙行者的魔法圈：生人勿进。她不可以对任何人、任何事产生需求或依恋，因为爸爸妈妈说，依靠是一种寄生，会使自己

变得越来越弱。

她不懂得去求助别人，也不喜欢与任何人分享自己的经验，除非老师和领导要求她这样做。不管是好事还是坏事，她都是在回到自己的小窝以后独自品咂快乐或烦恼，一个人反刍着那些或好或坏的情绪。

二十五年来，她从未违背过父母的安排，每一步都按照父母的计划精确执行，无论是学习、生活还是工作。在父母的一力安排下，她的人生被镀上了一层又一层荣耀的光环。然而某一天，承受不住压力的她，心理防线最终还是崩溃了。

她的崩溃，一度成为公司讨论的热门话题。大家纷纷在私下里相互交流看法，试图探寻这场悲剧背后的原因。直到有人翻阅了她的博客，才逐渐揭示了她的心路历程：她所承受的压力沉重如山，从小便在父母的严厉要求下成长；无论她如何努力表现，父母的讽刺与打击总是如影随形，从未给予过她真正的认可与鼓励，他们的目标只有一个——让她变得更加优秀。

而她，却渐渐迷失了自我，虽然“步步为赢”，却感受不到自身的价值与存在意义，人生仿佛被一双无形的大手操控着，她找不到属于自己的出口。

有人说，工作项目遭遇挫折成了她心理世界压倒骆驼的最后一根稻草。但事实上，压倒骆驼的从来不是最后一根稻草，而是一根又一根稻草的不断叠加。

清醒点！你已经伤了孩子

当孩子表现出孤僻、怕生、情绪低落、对周围事物漠不关心，或是情绪波动大、易怒，以及做事不专心、缺乏坚持性时，父母应当高度重视。许多父母可能会将这些行为简单归结为孩子的性格特点，从而忽略了其背后的深层次原因。事实上，孩子的孤僻行为与原生家庭的环境和教育方式有着密切的关联。

在中国式的亲子关系中，我们常常可以看到这样的场景：

——父母在生活的重压下，难以有效地排解和调控自己的焦虑情绪，于是便将这种情绪转嫁到比自己更弱小的孩子身上。

——一些父母在童年时期，遭受过原生家庭的暴力或冷暴力，遗留的心理伤痕使他们不懂得如何以正确的方式向孩子传递爱。他们错误地认为，打是亲，骂是爱。

——受传统文化影响，一些父母将孩子视为自己的附庸品，而非拥有独立人格和自主判断力的生命个体。因此，父母不会给予孩子平等地位，对待孩子缺乏耐心与理解，习惯性以爱为名简单粗暴强势养育。

这些在负面环境下长大的孩子，由于没能学会以恰当的方式与人交往，因此在人际关系中往往不经意间伤害到他人，或者自己容易受到伤害。通常情况下，这两种情况会同时存在：他们不擅长维系和谐的人际关系，容易触及他人的痛处，进而导致被周围的人疏远和排斥。而这种疏远与排斥，对任何人而言，无疑都是一种心灵的创伤——如此便形成了一个恶性循环。最终，他们选择将自己与外界隔离，仅仅是为了躲避更多的伤害。

正确的教养方式

当父母将孩子紧紧束缚，孩子的内心便被困于一方狭小的天地，他们的心灵之窗因此渐渐关闭。他们可能变得自闭、胆怯，只沉溺于自我世界，对周围的一切漠不关心，甚至呈现出自私、任性的一面。他们既不愿意伸出援手帮助他人，也拒绝接受他人的帮助，内心在自负与自卑之间摇摆不定。有些孩子或许在学业上表现出色，智商高人一等，然而，在人际交往中却显得笨拙，情商堪忧。他们不仅缺乏与人沟通的能力，更难以妥善处理生活中的各种事务。

倘若父母能够幡然醒悟，及时转变教育方式，用心去接近、去关爱孩子，为他们带来足够的温暖与关怀，那么，孩子的孤僻性格或许能够得到控制与改善。在亲情的滋润下，他们有望重新打开心扉，融入这个丰富多彩的世界。

第一，爸爸妈妈要和谐

父母之间的不和与频繁争吵，会让孩子失去应有的关爱与培养，进而在他们的心灵深处留下创伤。这种环境下成长的孩子，往往会逐渐变得沉默寡言、闷闷不乐，性格也会越来越孤僻。因此，即便是为了孩子的心理健康成长，父母也要竭力营造一个温馨和谐的家庭环境。

第二，拓展孩子的生活视野

当前，由于家居条件、家庭结构等多重因素，许多父母倾向于将孩子长时间留在家中，这种做法往往不经意间导致孩子性格变得孤僻。为了孩子的健康成长，父母应当鼓励并引导孩子走出“自我”的小圈子，更多地和小伙伴共同参与游戏和日常生活，以此促进他们的社交能力和情感发展。同时，父母应避免向孩子传达诸如“不准和那个孩子一起玩，他会带坏你”或“外面坏人太多，待在家里才安全”的负面信息，以免进一步限制孩子的社交空间，影响其心理健康与成长。记住，不要以爱为名实施控制，将孩子困囿在他自己设定的一方天地。

第三，父母要将孩子带动起来

父母应当成为孩子与外界沟通的桥梁，通过日常的情感交流，鼓励孩子积极参与家庭和社会的各种活动中。无论是陪同外出采购，还是一起下厨烹饪，抑或是参加公益活动，都能让孩子在实践中学习与人交往的技巧。另外，如果条件允许的话，多带孩子到有同龄孩子的家庭串门，让孩子有更多机会与别的小孩子接触和互动。因为与同年龄的孩子在一起时，孩子通常会比较放松，也更容易开口与他人交流。

除此之外，我们还需要细心观察、深入挖掘孩子的长处和优点，并努力创造条件使孩子有机会展现自己。在与孩子沟通时，父母应当以商量的语气、信任的目光以及平等的心态来交流，努力成为孩子的好朋友。这样，即使是孤僻的孩子也会逐渐变得开朗起来，更好地融入这个世界。

反抗型人格：被专制阴影扭曲的人际关系认知

往往是过去的某些经历塑造了孩子如今的样子。值得注意的是，一旦有某件强烈刺激孩子的事情发生，并且孩子对此产生了意识，那么这种影响就永远不会真正消失。虽然表面上看起来它似乎已不复存在，但实际上只是被孩子压抑到了内心深处那幽暗的角落。然而，它仍会乔装打扮，通过曲折迂回的途径在暗中影响他们、操纵他们。

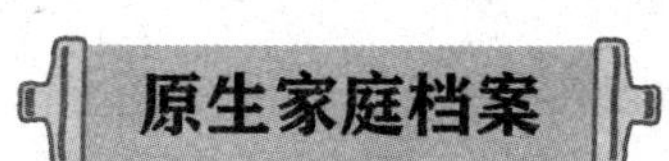

一个27岁的大男孩，从山区小县一路拼杀出来，从小到大功课优异，却在职场步履维艰。在与发小，也是他唯一的朋友交流时，他几次止不住泪流满面。

他清楚地知道，这是童年经历带给自己的负面影响。小时候，他一直被父母“嫌弃”：妈妈爱唠叨，喜欢责骂，爸爸气不过就打。

他也清楚地记得，很小的时候，因为把涂鸦的画纸铺得满床都是，妈妈骂他：“我怎么会生出你这样邋遢的孩子，

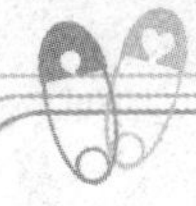

你就不配睡在床上，垃圾桶才应该是你的家！”

或许已经习惯了母亲类似的责骂，他一句话不说，慢吞吞地开始收拾床铺。这种漫不经心的态度，彻底把妈妈激怒了。她粗暴地一把把儿子推到床上，因为没控制好力度，孩子的腿磕到了床沿上。

爸爸听到母子二人大吵的声音，连忙冲进孩子的房间，若不是来得及时，或许母子二人已经打起来了。当然，爸爸看到他举起的愤怒小拳头，也是气不打一处来，抓过他就照着屁股打了几巴掌，一边打一边骂：“怎么这么不让大人省心，你就不能懂点事吗？再这样不听话，我们就不要你了！”

只是，他们没有想到，夜半三更，孩子竟然失踪了！夫妻俩心惊肉跳，匆匆下楼，刚走到小区的垃圾桶旁，就看到儿子小小的身子蜷缩在那里，睡得还很香。

爸爸气急，一把拉起他又要打，他却倔强地昂着头：“不是你们说垃圾桶才是我的家，不是你们说不要我的吗？你们这么能打，干脆打死我算了！”

上了初中以后，他比同龄人更加叛逆。爸妈责骂他的时候，第一句他默不作声，再骂他就横眉冷对，如果爸妈被他的态度激怒，骂得更加难听，他就会带着愤怒和恨意，以同样的方式，专挑父母敏感在意的地方，狠狠地戳下去。他也不想这样忤逆，但他不想一直被他们这样伤害。当然，每每

此时，他都免不了又要被打。

青少年时期的他经常因为同学的言语冒犯而打架，高中时差点被退学。后来他自己意识到了问题的严重性，也知道如此逆反下去，一生大概都要被毁了。所以他开始下意识地努力克制这种外部宣泄的暴力倾向，但在与人相处的过程中，冷暴力倾向却始终无法自制。

年少时一直被否定和责罚的状态，映射到成年后的自己身上，就是比绝大多数人更在意别人的评价，更渴望得到别人，尤其是强大的人或者领导者的认可。哪怕别人回应他的时候略微有点漫不经心，他都会认为：他是不是对我有看法？

高敏感的特性，使他经常因为跟别人持有不同意见而据理力争，甚至无理也要辩三分，对于领导的指正或批评，也总是背地里愤愤不平。因而他在办公室里人缘非常一般，处于一种被边缘化的状态。对人际关系和工作问题反刍式的思考，又使他经常陷入精神内耗，内心异常焦虑。

事实上，让他最痛苦的，并不是自己一直在做错事，而是明知道自己有问题，也知道问题是什么，根源在哪里，却根本无力改变。他还是一次又一次地与别人发生对抗，也会在每次发生对抗后反思自己，并且试图做出改变。但最终还是会回到自己固有的处理方式中去，循环往复，裹足不前，痛苦不堪。

清醒点！你已经伤了孩子

如同原癌基因一直潜藏于人体内，一旦遭遇致癌因子的侵袭，细胞便可能蜕变为癌细胞一样，人性中的某些“暗物质”亦是如此。它们平日里或许静默无声，但一旦被某种力量所触发，便可能如脱缰之马，狂奔至难以驾驭的境地。

反抗型人格的形成，往往与个人的成长历程紧密相连。这些个体自幼便置身于恶劣家庭环境的桎梏之中，被严苛地要求不得对父母的决定或观点提出丝毫的质疑与反抗。诸如“你闭嘴”“按我说的做”“别想那些没用的”等言语，如同冰冷的枷锁，紧紧束缚着他们的思想与灵魂。这种压抑的氛围，往往会持续到他们成年，甚至更久，使得许多孩子在自我意识的萌芽阶段便遭受重创，变得逆来顺受，唯命是从。

然而，在这看似顺从的外表下，他们的内心深处却暗流涌动。对于别人的意见或观点，他们总是持有一种难以言喻的怀疑态度。在痛苦与挣扎中，他们逐渐意识到自己的主体性，进而在心灵的深处孕育出一种暗藏的反抗力量，即反抗型人格。

具有反抗型人格的孩子，他们通常拥有敏锐的智慧，因此，在表面上，他们或许会流露出一丝自负的气息。然而，剥开这层华丽的外衣，你会发现，他们的内心往往隐藏着深深的自卑感。他们习惯于将负面的情绪深埋心底，如同珍藏的宝藏一样不愿轻易示人。在这个复杂多变的世界里，他们感到自己的精神世界无人能够理解，有时甚至会陷入一种绝望的境地，觉得活着就如同在慢慢地腐烂。

正确的教养方式

我们不能断言孩子心中那些看不见的“暗物质”的形成全然是父母之过，因为人生的轨迹由众多因素交织而成。然而，若父母能够及时觉察并调整彼此间的相处方式，或许就能如同春风化雨，将这些潜在的悲剧悄然消融于无形之中，让家庭成为孩子心灵健康成长的温床，而非暗流涌动的深渊。

第一，让孩子成为自己比急于成才更重要

如果孩子不再为了他们自己的梦想而活，而是为了满足父母的期望，为了家族的荣耀而负重前行，那么他这一生也许都会非常痛苦。

相较宇宙中的暗物质，我们更应该关注孩子心中的“暗物质”。对父母而言，不应仅仅依赖过往的经验来教育孩子，也不应将孩子塑造成自己心中的理想模型。别让原生家庭养育方式成为一场轮回的辜负，而要让爱与理解成为孩子成长的基石。

第二，摒弃家庭中的“达尔文主义”

近年来，国内家庭教育中盛行着一种“达尔文主义”的风气，其本质便是“优胜劣汰”的观念在作祟。这种风气具体体现在对孩子极高的要求和期望上，仿佛只有不断“卷娃”，才能让孩子在竞争中脱颖而出。然而，当这些要求和期望超越了孩子自身的实际能力范围时，它们便化作了束缚、压力，甚至是灾难的源泉。父母常常期望孩子无所不能，处处优秀，但静下心来细想，一个孩子真的能承载如此多的期望吗？

第三，努力与孩子建立共情关系

尽管反抗型人格的孩子或许在共情能力上有所欠缺，但父母仍可通过细腻地表达自己的感受与需求，与他们逐步建立起一座共情之桥。如果父母能够在沟通中坦诚展露自己的情感与立场，或许会更容易走进孩子的内心世界，让孩子理解和接纳父母的观点。

父母不妨尝试引领对话的方向，避免陷入无意义的指责、争论与攻击之中。通过提出富有洞察力的问题或建议，父母可以帮助反抗型人格的孩子更深刻地理解问题，引导他们以更理性的方式表达自己的观点。

chapter 02

审视控制欲：操纵型父母自私糟糕的内心世界

观念承袭：中国式父母孜孜不倦的教育模式

许多父母都有一种不尊重事实的执念：他们认为子女既然是自己的血脉，那么一生下来就应顺从听话；一旦子女有所违背，便被贴上叛逆、不孝的标签。他们以爱为名，却行伤害之实，最终结果往往是双方皆伤，无人幸免。

原生家庭档案

单亲妈妈安迪曾是一位出色的高级职业经理人，但为了倾注更多时间和精力在读高中的孩子身上，她果断辞去工作，成为全职宝妈。在对孩子的教育态度上，她始终坚信“严母出骄子”，于是暗下决心，要做一个“持剑”的慈母，“雕塑”出一个出类拔萃的孩子。

菲菲的心中一直有一个梦想——成为一名医生，她喜欢那身洁白的衣裳，更希望自己将来能够做救死扶伤的工作。

但安迪对此持有强烈的异议，她坚决反对女儿学医，她觉得女儿就应该考上北大清华。

安迪常常对菲菲倾诉："孩子，你是妈妈的一切。我一个人含辛茹苦地将你抚养长大，为了你，我放弃了工作，每天起早贪黑地忙碌于厨房与菜市场之间。你知道妈妈的压力有多大吗？"然而，这份沉重的母爱，却无意中成为束缚菲菲梦想的枷锁。

菲菲的懂事令人怜惜，她深知母亲那份深沉的爱和对她的深深依赖。她一直承载着这份厚重的期望，试图在母亲面前展现出一个快乐的童年。她最常说的一句话便是："对不起，我让你失望了。"

又或者，即便是因为母亲的"为你好"而被强迫吃下那些补脑餐，吃到胃中翻涌，她也从未表露出不悦，为避免使母亲不开心，她总是编造其他理由来掩饰自己的不适。

然而，菲菲的贴心并未换来母亲的理解，反而导致更加严苛的控制。

压抑日积月累，菲菲的内心渐渐被阴霾笼罩，她患上了抑郁症。她无人可以倾诉，只能在每个夜晚对着手机录音功能，边哭泣边述说内心的痛苦。

清醒点！你已经伤了孩子

对于那些控制欲极强的父母来说，孩子并非一个独立的个体，而更像是他们倾注全部心血塑造的艺术品。从膳食、着装到职业选择，再到婚姻伴侣的挑选，乃至未来生活的规划，他们都渴望插手其中，按自己的意愿来塑造。

一旦孩子展现出任何反抗的迹象，这些父母便会迅速采用情感操控的策略，甚至将自己人生的挫败归咎于孩子，悲情地宣称："我为了你……"

在这种环境下，父母原本应该温暖的爱意，对孩子而言，已不再是安全的避风港和可信赖的支撑，反而逐渐变成了一种沉重的逼迫和压制。从此，孩子们难以感受到父母的深情厚爱，无法理解为何父母总是渴望在方方面面掌控自己，仿佛自己只是被操纵的玩偶一样。

随着时间的推移，孩子们会从心底对父母的权威感到畏惧。这种恐惧和压抑逐渐累积，久而久之，可能塑造出他们胆小、怯懦、孤僻、冷漠的性格特质。

在这个过程中，孩子们的顺从往往源于对惩罚的惧怕，而非真正的内心认同。因此，他们也难以培养出内在的自我控制力。一旦外部的控制力量消失，这些被控制的孩子可能会像脱缰的野马一样，为所欲为或迷失方向。

正确的教养方式

父母的控制行为有可能演变成一种情感上的绑架，它如同一个囚笼或深渊，有可能破坏孩子本应灿烂的人生。当然，这并不意味着父母应该完全放任孩子不管。对于任何问题，我们都需要辩证、客观地看待。在孩子成长的道路上，父母扮演着启蒙者和引导者的关键角色。父母应成为推动孩子积极向上、奋发向前的正面力量，而不是一味否定或施加过多琐碎的压力。

第一，放开手，做孩子的照明灯

孩子个性宛如一个弹簧，外界对其施加的压力越大，其反弹的力度也就越猛烈。因此，耐心而细致的引导显得尤为重要。人们常说，父母是孩子的楷模，他们的言行举止在孩子成长的道路上起着至关重要的作用。父母应该通过自己的言行来感染和教化孩子，以正确的方式引领他们自由成长。

第二，寻求宽容与约束的和谐平衡

以平等和尊重的态度来对待孩子，在给予适当的约束的同时，也应赋予他们应有的宽容。过度的纵容可能会宠坏孩子，而过分的严苛则可能破坏亲子之间的情感纽带。事实上，尊重孩子的天性与纠正他们的不当行为，是可以并存的。父母若想为孩子的幸福奠定坚实基础，理应从真挚的鼓励和赞赏开始，让他们在充满温暖和支持的环境中健康成长。

第三，鼓励与支持并重

父母应积极鼓励并支持孩子的每一次尝试性成长，给予孩子及时的正面反馈，以此激发孩子的自信心与自尊心。同时，父母要引导孩子树立正确的目标，并在他们追求梦想的道路上，提供必要的支持与资源，成为他们最坚实的后盾。

情绪投射：爸妈的缺憾在孩子身上寻找补偿

人的身躯仅能承受一个灵魂，倘若父母的束缚如影随形，孩子处于高压和束缚之下，则他们的灵魂已经被谋杀了，精神实质已形同枯槁。孩子是从自由之爱的枝丫上绽放的最璀璨的瑰宝。他们既非供人消遣的玩偶，亦非满足父母私欲或实现其雄心壮志的工具。孩子的降临意味着一份责任，他们理应被悉心养育，成长为享有幸福的人。

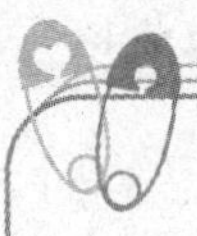

原生家庭档案

有这样两位教师，他们都是省城人，师范院校毕业后，被分配到相对偏僻的县级市任教。两个人在异地相识，渐生情感，落地生根。然而，重返都市的愿望却成了二人共同的心结，始终萦绕在心头。

二人育有一子，正读高中。男孩性情温和、多才多艺，但成绩差强人意。故而，每每在外人面前提起儿子，夫妇俩总是要长叹一声："哎！我那不争气的儿子……"他们总是喜欢在儿子面前忆苦思甜，末了加上一句："你一定要考上

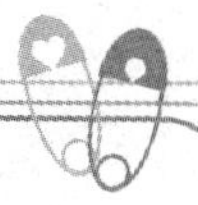

大学，考回省城去啊！”

为了助儿子一臂之力，夫妇俩给孩子报了各式各样的兴趣班、提升课程，还精心挑选了众多辅导书。遗憾的是，孩子的学习成绩始终提不上去。小学时，他的成绩尚算班级中上；然而进入初中后，他逐渐显露出叛逆的一面，与父母意见相左的情况时有发生，对学习的热情也日渐消退，成绩自然也随之滑落；到了高中，他甚至出现了逃学的行为，为此没少受父母的责骂。

谁也没想到，某个清晨，儿子竟然“失踪”了，仅在书桌上留下了一封信……

亲爱的爸爸、妈妈：

我走了，因为我感觉自己不配做你们的儿子。我平凡无奇，成绩始终无法达到你们的要求。我为此深感愧疚，感觉自己让你们蒙羞了。

我并不是不想好好学习，但不知为什么，就是学不进去。面对你们的督促、指责和苦口婆心，我觉得压力很大，仿佛身上背着一座山一样。

是的，你们为我做了很多，做到了让别人家孩子羡慕的地步，可是你们越是这样，我越害怕会让你们失望。

我很感激你们为我做的一切，也理解你们对我的关爱与期望。可是，你们剥夺了我应有的娱乐权利，让我错失了许多欢乐。你们禁止我外出与同学玩乐，认为是在虚度光阴，更担心我会学坏。我的假期几乎被补习班占满。我没有好朋

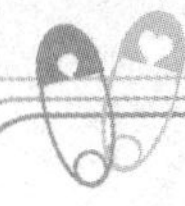

友，你们因为怕耽误我的学习时间，也很少与我交流，即便餐桌上交谈几句，也总离不开那些刻苦学习的话题。

上周的测验成绩出来了，我又未能达到你们的要求，想必你们得知后又会责备我吧？我们的这个家，根本无法容纳一个不热爱读书的孩子。所以，我选择离开，请勿寻我。

——儿子

最终，父母在火车站附近找到了孩子。然而，回到家后，孩子明确表示，除非不再强迫他学习，否则他将再次离家出走，走到更远的地方。无奈之下，父母只好妥协，允许他休学在家。

清醒点！你已经伤了孩子

有些父母在经历了前半生的波折与挫败后，将自己生命中的遗憾和期望全部倾注在孩子身上。他们坚定地要求孩子必须出类拔萃，并时常通过不断的叮嘱和重复来强调自己的期望。他们利用自己的辛勤付出，试图唤起孩子的愧疚感，以此驱使孩子不断努力。

“你看，我们为了你，付出了那么多的辛劳，你可不能让我们失望啊！”这是他们经常挂在嘴边上的话。

然而，对于孩子来说，这不是什么激励，而是十足的亲情绑架。

在这种家长力压下成长的孩子，通常会对失败有极强的恐惧感，一旦自己无法达到家长的期望，就会陷入强烈的自责中。长此以往，这种恶性循环不仅对孩子的心理健康造成损害，还为亲子关系埋下了不和谐的种子。

如果孩子最终未能实现家长寄予的厚望，那么家长岂不是为一个并不符合自身愿望的目标耗费了大量的时间和努力？这样的代价实在过于沉重。

进一步说，即便孩子最终取得了所谓的成功，但这种成功是否真正符合他们自己的内心愿望，又是否能真正带给他们快乐和满足感呢？

正确的教养方式

从根本上说，父母希望子女能够避开自己曾经走过的荆棘与误区，减少不必要的摸索与磕碰，这份初衷无疑是纯净而美好的。然而，很多时候，他们也不自觉地把自己的梦想或是过往的遗憾，投射到了孩子的身上。这样的教育方式，往往会让孩子背负过重的期望，形成一个难以解脱的循环。那些真正睿智的父母，会懂得避免将自己的遗憾或渴望，强加给下一代，会懂得让孩子在自由与理解的环境中茁壮成长。

第一，实践无条件养育

在教养孩子时，父母的付出应当是毫无保留且不求任何回报的。那些无条件养育孩子的父母，会在孩子的生活中起到积极的作用，为他们提供庇护，并辅助他们明辨是非。若真心为孩子着想，父母首先要领会这一点。

第二，避免将孩子视为实现个人梦想的替代品

如果有梦想未完成，就自己去追寻，而非自己懈怠不前，强迫孩子去替你完成。你的梦想未必是孩子的梦想，无论是考入清华北大、留学海外、攻读研究生，还是考上公务员、实现财富自由，父母都应该想想自己为什么做不到，再思考该不该对孩子提出这样的要求。

第三，赋予孩子规划自己未来的权力

父母不应该以自身意愿为孩子设定未来的发展路径，让孩子背负自己的遗憾艰难前行。相反，应该尽可能尊重孩子的意愿与选择，从精神层面给予孩子支持和激励，让孩子能够依据自己的兴趣和专长来选择适合自己的发展方向并帮助他们，使他们在追求梦想的道路上自由奋斗，成为自己人生的“规划师”。

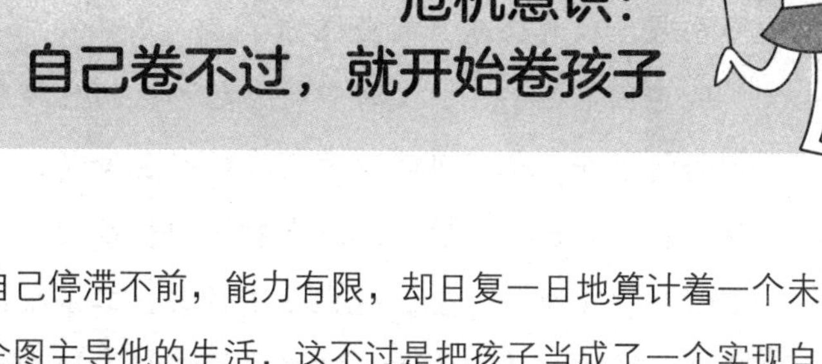

危机意识：自己卷不过，就开始卷孩子

作为家长，自己停滞不前，能力有限，却日复一日地算计着一个未满十岁的孩子，企图主导他的生活，这不过是把孩子当成了一个实现自己虚荣心理的傀儡而已。作为父母，最应该避免的，就是以冗长烦琐的说辞对孩子施加压力，而让自身陷于懒散，对自己毫无要求。

原生家庭档案

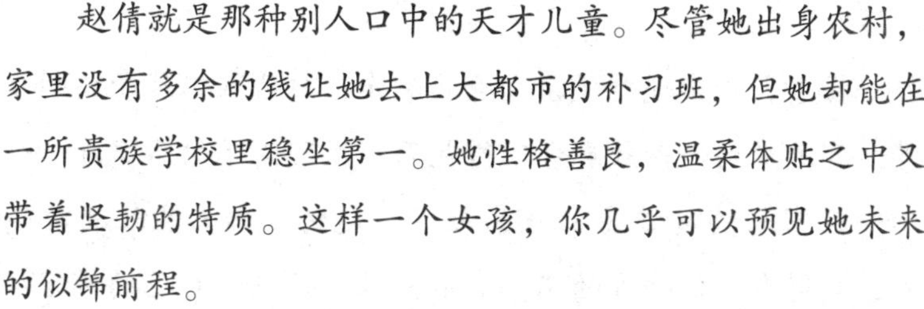

赵倩就是那种别人口中的天才儿童。尽管她出身农村，家里没有多余的钱让她去上大都市的补习班，但她却能在一所贵族学校里稳坐第一。她性格善良，温柔体贴之中又带着坚韧的特质。这样一个女孩，你几乎可以预见她未来的似锦前程。

赵倩的父母非常自卑，他们觉得自己就是“下等人”，他们殷切希望赵倩能够成为寒门贵子，从而改变家庭的命运。

所以一旦得知女儿的成绩有所下滑，他们就会感觉特别丢脸，也特别失落，便迫不及待地拍着胸脯对班主任说：

“赵倩要是不好好学习，您该怎么罚就怎么罚，该怎么打就怎么打，我们绝对不会护着她。”

赵倩的父亲经常对孩子强调：“咱们家能不能翻身，让那些城里人看得起，就全靠你了。”

原因显而易见，父母觉得自己的生活已经基本定型，无论如何奋斗，都不可能脱离现在的社会阶层，实现人生的逆转。既然自己卷不过，那就卷孩子吧！因此，他们把所有希望都放在了赵倩身上。他们一不怕苦，二不怕累，三不怕没钱花，几乎倾尽所有将孩子送进学费昂贵的贵族学校，希望孩子能够在这里完成翻身，带着父母一起成为“高贵的人”。

赵倩受到委屈，被同学诬陷，或被老师误解时，父母不分青红皂白便开口对女儿进行训斥：“我们为你付出再多都可以，但不能允许你堕落，你对得起我们吗？”

每当赵倩与同学们产生矛盾时，父母还是先把女儿责备一番，告诫她要乖巧懂事，要懂得忍让，因为别人的父母是有钱人。

接着，母亲便要父亲向女儿展示，自己在工地受伤的手臂，那是拿到赔偿款后舍不得花而在医院落下的后遗症……

在家人的持续影响与说教下，赵倩逐渐产生了自卑情绪，觉得自己似乎真的不如其他同学。她深怕自己的学习成绩不佳，会辜负了父母的巨大付出。由于背负了过多的压力和期望，赵倩在自卑与抑郁的交织中，不幸患上了学习障碍，最终不得不休学，回到老家休养。就这样，学霸赵倩原本被期待的人生，以一种令人遗憾的方式，悄然落幕。

清醒点！你已经伤了孩子

这是中国式家长的一个典型状态——自己得过且过，却总是不忘给孩子施加压力，要求他们出类拔萃。在这类家长眼中，孩子就是必须不断增值的不动产，是给自己脸上贴金的工具，而不是一个拥有独立人格的人。

此时，亲子关系对孩子而言，已逐渐演变成一种逼迫与压制。过度超纲、超量和超时的学习，无疑会给孩子带来巨大的学习压力和精神负担，导致孩子产生厌学情绪以及其他心理障碍，进而严重影响了他们的学习成绩。

暂且不论父母为孩子安排的生活轨迹是否符合他们的心意，我们首先要扪心自问：过度的竞争和压力真的有用吗？父母努力推孩子几把，他们就能成龙成凤吗？事实上，卷来卷去，孩子辛苦，父母更费心。何苦既为难孩子又为难自己呢？

教养孩子时，适度的竞争心态可以有，但切不可过度。别拿自己和孩子的心理健康去拼。真正的幸福和成功，从来与成绩和名利不存在直接关系。

正确的教养方式

当家长不断进步、日臻优秀时，孩子会在潜移默化中受到你的感染，自然而然地以你为榜样。所以理想的教育方式应当是：父母以身作则，通过自身的持续努力和积极示范，去影响和鼓舞孩子，让他们在愉悦轻松的环境中自由成长。这样的教育方式不仅能够缓解孩子的压力和重负，更能培养他们的责任心、独立精神与自主性，为他们日后的展翅高飞奠定扎实的基础。

第一，致力于自我提升

当家长自己变优秀，你的成功与自信将感染孩子，成为他们的力量源泉。你的实力增强，孩子便能从你身上汲取更多的技能与智慧。你的社交圈扩大，将为孩子带来更广阔的交友空间，教会他们人际交往的艺术。随着你生活品质的提升，孩子将学会辨别优劣，培养高雅的品味。你的知识不断丰富将引领孩子拓宽视野，探索更广阔的世界。你的思维变得缜密，孩子也会学会多角度、全面地思考问题。所以说，提升孩子之前，请先努力提升自己。

第二，别让孩子感受到过高期望

在教育孩子的过程中，父母应当注重为孩子“减负”，而非增加压力。不要认为只有在巨大的压力下，孩子才能取得成就。成功的父母通常不会给孩子过多的期望与压力，因为他们明白，让孩子放松身心、缓解情绪反而更有益。

第三，接受孩子的平凡

什么是最好的教育？有位名家是这样说的：“如果你没有什么资源，没有什么太多的文化，不知道怎么教育孩子。那你就多鼓励他，多认可他，多表扬他，多理解他，多支持他。不要把自己的认知、焦虑、恐惧、愤怒、委屈强行转移给孩子，就是对孩子最好的教育。孩子若是平凡之辈，那就承欢膝下；若是出类拔萃，那就让其展翅高飞。接受孩子的平庸，就像孩子从来没有要求父母一定要有多么好一样。”作为父母，应该接受自己的平庸，接受孩子的平凡。

角色效应：自古以来，老子说了算

专制型的父母常常采用否定、指责、讽刺或威胁等手段，迫使孩子满足他们的期望或维护自己的权威地位。孩子也因此逆反，用与父母期望相反的行为做出回应，以此作为对父母的报复手段。孩子这样做，实际上是试图通过这种方式获得对自我命运的掌控感。

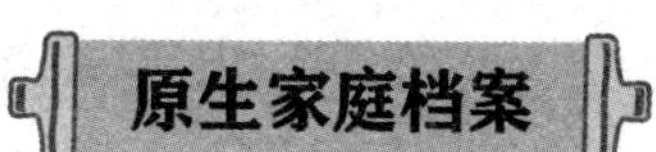

原生家庭档案

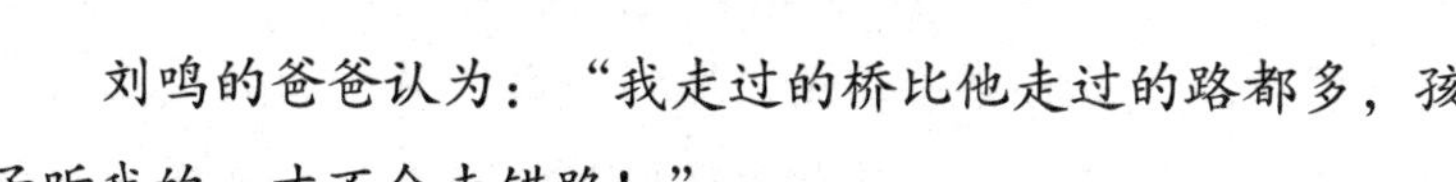

刘鸣的爸爸认为："我走过的桥比他走过的路都多，孩子听我的，才不会走错路！"

在日常生活中，刘鸣的爸爸总是表现出极致的控制感：

上学时，刘鸣如果没有考到前三名，就一定会遭到父亲的否定与责备。

在社交方面，父亲以学习成绩为标尺为他划定朋友圈，只允许他与学习好的孩子交往。

购买衣物时，父母觉得白色易脏不耐洗，黑色又显得过于沉闷，当刘鸣对父亲递来的咖色上衣表示"还算可以"时，

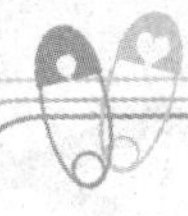

又遭到父亲的责备，认为他“缺乏主见”。

高考时，父亲全然不顾刘鸣对文学的深厚热爱，坚决要求他攻读物理学专业。

过度的控制和操纵使得刘鸣表面上显得乖巧，但内心深处却缺乏自信、主见，无法客观看待自己。尽管学业成绩优异，他却性格怯懦、犹豫不决，朋友也很少。成年之后，即便是选择冰激凌的口味、点菜或是购买衣物这类小事，对他来说也变得异常纠结。

面对朋友的误解，他不敢勇敢地解释自己的初衷，而是立刻认错，一味地在自己身上寻找原因。遇到喜欢的人，他只能选择暗恋，不敢表达自己的情感，因为在他看来，“只有能被自己完全控制的事物，才是最安全的”。

父母一方面事事控制和否定，另一方面又事事嫌弃，这种教养方式造成了刘鸣的“低自尊”，即自尊水平低。低自尊的人对于自我的评价很低，并且不相信自己的自我价值。

然而，“低自尊”只是问题的一面，另一面则是他内心深处的叛逆与报复。随着年岁的增长，刘鸣与父母的冲突愈发激烈，最终他日益加剧的“反抗与报复”心理彻底爆发。他愤然指责说：“你们从未真正尊重过我的意见，你们口中的民主，实则只是专制的伪装。你们根本不了解我。我从小到大的拿手好戏就是撒谎。你们一直渴望拥有一个乖巧的孩子，但你们不让我做的事情，我都在背后悄悄做了！为了让分数达不到你们期望我报考的名牌大学，我甚至在高考时故意漏填了一张答题卡！”

清醒点！你已经伤了孩子

许多家长在孩子的养育过程中，不经意间扮演了“暴君”的角色。这些“暴君”式的家长，往往更侧重于维护自己的权威，在孩子的世界里，他们如同君王一般，主宰着一切。他们容不得孩子有自己的见解，不允许孩子自主做出选择。他们未留给孩子自由支配的时间和空间，仿佛孩子的生活只能按照他们的剧本上演。一旦孩子稍有违背，便会受到严厉的斥责或是惩罚。

然而这种专制型的教育方式，其实并不能真正达到教育的目的。

首先，它会让父母过分聚焦于孩子的不足之处，从而忽略了他们的闪光点，长期缺乏赞赏与鼓励对培养孩子的自信心无疑是沉重的打击。

其次，由于父母过于依赖惩罚手段，导致他们往往不会去探索更为恰当且有效的方法来纠正孩子的不良行为，而有些方法原本可以用来降低惩罚的必要性。

在孩子的心中，这样的父母就像是令人畏惧的“独裁者”。在严格的规定下，他们没有属于自己的时间和空间，没有为自己辩解的机会，甚至被剥夺了交友的自由。可以想象，孩子的内心是多么的无奈与沮丧。更令人担忧的是，很多孩子会因此愈发叛逆，最终迷失方向。

正确的教养方式

孩子如同一块需要雕琢的璞玉，正处于成长与变化之中。在父母面前，他们或许显得柔弱，但他们同样拥有自己的思想、情感和个性，内心蕴藏着无限的潜能。若父母执意以专制之手去操控他们，那么这把强硬之刀，必定会给孩子带来深刻的伤害。

第一，珍视孩子的自主性

家长们应当深刻认识到，教育孩子并非单方面的塑造，而是与孩子共同探索、共同成长的过程。不要固执地认为强制让孩子遵从自己的意愿，按照预设的轨迹前行便是最佳的教育方式。每个孩子都拥有独特的个性，他们的成长之路各具特色，无法复制。作为父母，我们应当尊重孩子的个性与思想，这样才能激发他们的自尊心，促进他们的全面发展。

第二，营造真正的民主家庭氛围

真挚的爱，在于引导孩子建立自我价值感和归属感。

与专制型家庭截然不同，民主型家庭的父母在合理要求孩子的同时，会对他们的不当行为进行适当限制，并耐心辅助他们达成目标。这样的家庭充满关爱与温暖，亲子关系和谐融洽。在这样的环境中成长，孩子自然而然地会培养出价值感、独立性、自信心以及合作精神，这些都是对他们的人生极具裨益的品质。

第三，以鼓励替代打击

孩子对鼓励与赞赏的渴望，如同植物对阳光与水的需求。哪怕孩子有一丁点的进步，父母都应该马上送上认可和赞美，而不是提出更高的要求。当孩子犯错时，父母要以鼓励和引导代替批评与指责；孩子遭遇困难时，父母更应提供力所能及的帮助，共同解决问题，而不是冷嘲热讽。唯有如此，孩子才能勇敢地迈出每一步，自信地走向未来。

情感捆绑：把孩子当成了自己的另一半

人类生命中有两个永恒的话题，这就是爱与分离。世间种种爱意，皆为相聚而生，唯有父母之爱，指向分离。真正的爱是懂得分离。我们爱孩子，是为了赋予他们力量，让他们勇敢地离开我们，展翅高飞；而孩子离开我们，则是为了更广阔地去“爱”，以及在生活的历练中学会“更爱父母”。

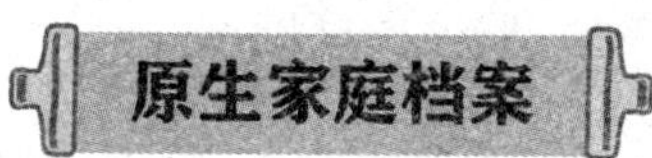

原生家庭档案

大家都说，张翰与姐姐一直未婚，很可能与母亲过于强烈的控制欲有关。

如果按传统眼光来看，张翰的母亲无疑是“伟大的妈妈”，她甚至将“人生无我，只为儿子而活”奉为生命的信条。

张翰成人之前，母亲二十年如一日，坚持每天凌晨四点起床，只为给儿子熬一碗梨汁。因为“如果儿子不能按时喝到我的梨汁，就是我作为母亲的失职”。

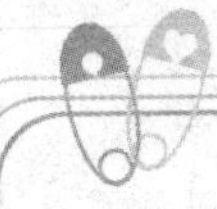

张翰长大成人，赴外地工作时，母亲追到儿子的工作地，在公司附近租房，强行要求儿子与自己同住，不让儿子自己做饭，也不许他在外吃工作餐。因为“儿子吃不上我做的饭，会让我有罪恶感，让我觉得对不起儿子”。

张翰自小便被母亲严格限制交友，因为母亲担心其他小朋友会欺负他。

陪着张翰来到大学报到后，母亲的第一句话竟是：“我要把墙外边的花花草草全部用开水浇死，以免虫子爬到我儿子床上来。”如果不是校规禁止，她甚至想搬进宿舍与儿子同住。未能如愿后，她又对儿子同宿舍的人进行了一番言语上的“敲打”，目的当然是“我不能让他们影响我这么优秀的宝贝儿子”。

为了“更好”地照顾儿子，张翰的母亲强烈要求他搬出学校与自己同住。如果儿子不从，她便要大闹学校。因为“儿子在我身边，我才放心”。

张翰外貌出众，也曾有过几段恋情，但遗憾的是，都被母亲以各种方式搅黄了。

大学时，张翰与一位学妹陷入了初恋的甜蜜之中。热恋中的年轻男女总是渴望有更多独处的时光，因此，张翰回家的时间开始变得不再那么准时。

母亲对此产生了疑虑，有一天，她悄悄跟踪儿子，没想到发现儿子竟去了一个女孩的家里。母亲顿时怒火中烧，直接破门而入。看到女孩房间里乱糟糟的景象，她更是气不打一处来。

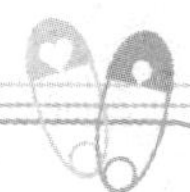

“这样的人怎么配嫁给我儿子？”母亲心里想着，“一点都不注意卫生，也不会做家务活！”于是，她当着儿子的面开始数落女孩。而张翰看到母亲如此“强势”的一面，竟被吓得一句话都不敢说。女孩感到伤心透顶，随后便与张翰分手了。

其实，母亲生气的不仅仅是女孩不会做家务，她更生气的是儿子居然要背着她谈女朋友，还不让她知道！她无法忍受儿子因为一个女人就脱离她的掌控，这样的事情对她来说简直是无法容忍的。

自此以后，每当儿子涉足爱情，母亲都会插手其中。只要恋情的细节稍不遂她心愿，她便会坚决反对。因为“我们家找儿媳妇，就是为了继承我的事业，她不仅要能够将张翰照顾得无微不至，更要对自己有足够严格的要求”。

在她眼中，儿子仿佛成了她的私有物，任何其他异性都难以入她的法眼。

这一切给张翰留下了深重的心理阴影，导致他对恋爱产生了极强的恐惧感。

后来，张翰进入职场，因为才华出众而深受领导赏识。领导决定派他去东北分公司历练，以便他日回到总部以后能独当一面。然而，东北的严寒让母亲心生畏惧，她竟向儿子下跪，恳求他不要去。这无疑严重干扰了张翰的职业发展。渐渐地，公司领导也开始回避给张翰安排具有挑战性的工作，因为大家都知道，他有一个难以应对的母亲。

在如此严密的管控下，张翰的心理逐渐出现问题。某次

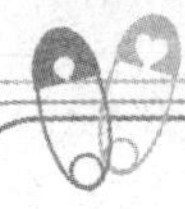

酒后，他将自己反锁在房中，崩溃大哭。

张翰的姐姐张婕，在重男轻女的阴影下长大，一直被忽视。然而，她目睹了母亲对弟弟那种令人窒息的爱以后，对正常的家庭生活也产生了心理障碍。她40多岁一直单身，因为“我不知道母亲的做法对不对，我也不知道怎样做好一个母亲”。

一份扭曲的母爱，就这样改写了两个孩子的命运。

清醒点！你已经伤了孩子

父母之爱，深沉如海，广阔无垠。世间鲜有父母不爱子女，然而，真正懂得爱孩子的父母，更应知晓在合适的时间得体地退出孩子的生活。

唯有缺乏自我价值感的父母，才会将子女视为生命的全部。他们每日醒来，满目皆是子女的身影，却难以接受子女已然成长，蜕变为独立自主、有血有肉的个体的事实。

他们固执地以为，子女永远是需要庇护的孩童，他们的爱始终停留在母婴共生的初始阶段。甚至于子女在他们心中，已非单纯的孩子，更似他们生活的伴侣，情感的全部寄托。

这些父母，借爱之名，行控制之实，将亲情扭曲为一种无形的枷锁，同时也将自己囚禁于狭小的世界。一旦离开子女，他们便仿佛失去了生活的依托，茫然无措。

他们不再像是子女的引路人，反而更像是时刻监视子女一举一动的

"监视器"。在这密不透风的爱意之下，孩子又如何能够形成健康的人格呢?

当今时代，"妈宝男""妈宝女"现象频发，其根源或许就在于此。

正确的教养方式

当爱被付出感所裹挟，它便悄然滋生了危险。那种渴望孩子回报爱的期待，会逐渐将孩子视为自己的私有品。每一位父母都应该读读纪伯伦的这句话："你的孩子，其实并非真正属于你，他们虽陪伴在你身旁，但他们的灵魂是自由的。你可以竭尽全力去模仿他们、理解他们，但绝不应强求他们成为你的翻版。"这是对孩子独立人格的尊重，也是对亲情的深刻理解。

第一，将孩子置于次位

若你心中，孩子占据首位，爱人次之，这种状态的爱或许会成为家庭的一大隐患。试想，当孩子携恋人来到你面前，你虽口称"不错"，内心必然难以接纳。因为孩子是你的最爱，见其倾心于另一人，你或许会如有的母亲一样，对所有试图走近孩子的人，进行无差别挑剔，甚至是攻击。这便是恋子或恋女情结，一种伤人亦自伤的亲子关系。作为父母，自孩子诞生之日起，就应该清醒认识到，孩子的最爱终将是另一个人。因此，请自觉将孩子置于次位。

第二，于家庭中建立界限感

世间的事，只有两种事：自己的事和他人的事。父母与子女相处，需要明辨界限，保持适当距离，为彼此留下空间。切记，亲子关系也讲究“己所不欲，勿施于人”。在处理孩子的问题时，需设身处地去体验他们的感受。你当然可以提出自己的看法和需求，但有效的沟通必须建立在共鸣的基础之上。

第三，赋予孩子独立空间

不愿放手的父母，难以培养出独立的子女。正如诗人舒婷在《赠别》一诗中所说：“要是不敢承担欢愉与悲痛，灵魂：有什么意义，还叫什么人生。”父母的适时放手，有助于培养孩子的自理能力。对孩子而言，承担起自己界限内的责任，也是构建自己人生的关键。所以，请父母松开紧握的双手，释放焦虑的心灵，为孩子提供一些成长的空间吧。

使孩子万念俱灰的“恶毒诅咒”，数数你犯了几条

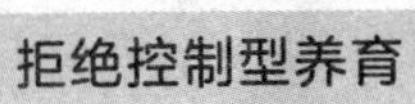

偏见：被贴标签的孩子，通常会走向两种极端

孩子的成长充满变数，过去并不能代表现在与未来。教育子女，父母应摒弃偏见，以开放心态引导，用爱与包容陪伴孩子成长。在温暖与支持的成长环境中，孩子将更健康、自信地绽放光彩，迈向美好未来。

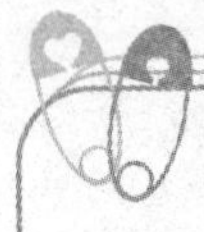

原生家庭档案

男孩天资聪颖，却对学习不感兴趣，偶尔还会施展些小聪明。曾有一次，他把成绩册上的39分巧妙改为89分。这一举动成功激起了父母的怒火，他被爸妈"混合双打"了一顿。

某段时间，孩子喜欢上了阅读科普书籍，受到启发，梦想有朝一日能成为科学家，探索宇宙的奥秘。这份憧憬点燃了他的学习热情，他开始努力了，于是在期中考试时，男孩的成绩突飞猛进，从倒数第五名跃升至全班第九。

男孩兴奋地带着成绩单回到家中，满心期待父母的赞许。然而，父亲看都没看一眼，便质疑他："成绩是不错，是抄了同学的答案吧？"母亲也严肃提醒："作弊比成绩差

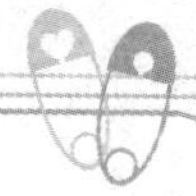

更可耻，你怎么能做出这种事？”

孩子原本满腔的期待瞬间落空，心情跌入谷底，他含着眼泪跑回房间。自此，男孩放弃了努力，成绩也跌落回原点。对他来说，梦想虽然重要，但尊严更为宝贵。稚嫩的他不晓得用一次又一次的出色成绩来证明自己，受伤的心灵让他只能恢复以往水平的成绩来证明自己的清白，无声地反驳着父母的误解。

那天，男孩在户外玩耍，和别人发生了一点小冲突，被一个年纪稍小的孩子狠狠地打了一巴掌，并伴随着难听的辱骂。对方的母亲见状，急忙上前拉开自己的孩子，但对男孩并未表示出任何歉意，也未对自己的孩子进行应有的批评教育。

受了委屈的男孩带着期待的目光看向那位母亲，有些胆怯地开口说：“阿姨，他动手打人，还说脏话。”那位母亲尴尬地笑了笑：“阿姨回家一定狠狠地教育他。”说完，便带着孩子匆匆离去。

孩子望着他们远去的背影，小脸因羞愤而变得通红。他眼中的愤怒逐渐消散，取而代之的是深深的无助、失望和自卑。他孤零零地站在那里，如同一只受伤的小动物，在默默地自愈伤口，无人抚慰他敏感而脆弱的心灵。

不远处，自己的母亲正与人聊天，她往这边瞥了一眼，抱怨道：“你看，他就是这样让人操心，没人能和他玩到一起去。在家里也是这样，不努力学习，脾气还特别拧。我尝试了各种方法，就是教不好他。”

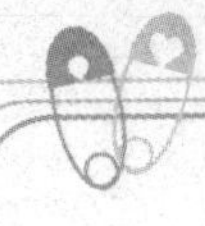

原来，她认为教不好孩子，都是孩子的问题。

“亲爱的爸爸妈妈，你们一直认为我是这样的吗？为何每次我需要你们的时候，你们总是对我满怀贬意？”——也许，这正是孩子心灵深处的哀怨呼唤。

过了许久，孩子的眼眶依旧泛着泪光，他孤独地伫立在那里，眼神中透露出幽怨与怯弱。然而，在与母亲目光交汇的瞬间，那眼神却变得决绝而愤怒。或许，这个孩子的内心与母亲已经开始萌生裂痕，那些本应有的温暖正逐渐被接连不断的伤害所侵蚀。

清醒点！你已经伤了孩子

在孩子尚无法客观地自我评价之前，他们对自我的认知大多来源于父母的反馈。我们日常对孩子的评语，都在无形中影响着孩子的“自我价值感”。

那些更注意自我完善、更懂得教育方式的父母，往往能够培育出自我价值感较强的孩子。他们给予孩子的爱如同春天的温暖，让孩子感受到。“不论我表现如何，父母都会爱我，我永远有人关心，不会孤单，我是有价值的。”这样的环境下，孩子自然而然地建立起自信。

相反，存在问题的家庭教育方式常常让孩子觉得自己无能且孤独。在这样的家庭中，孩子与父母之间缺乏平等的沟通，他们被要求必须服从父母的意愿和遵守各种规则。一旦违规，就会受到责备和处罚，甚至被贴上某种标签，比如“你就是个不听话的孩子”。这样的标签无疑是对孩子自我价值的打击，也是对他们心灵的伤害。

更严重的是，当父母因孩子的错误表现出失望情绪而对孩子的态度急转直下时，他们对孩子的爱也会随之急剧降温。从此，孩子将频繁地遭受到父母的责备与轻视。这种态度带来的后果是双重的：肉体上的惩罚会伤害孩子的皮肉，而心灵上的暴力则会摧毁孩子的自信。虽然肉体的伤口能够迅速愈合，但心灵的创伤可能一辈子都难以抚平。

生活在这样家庭环境中的孩子，往往难以顺利地融入社会。他们可能会变得自暴自弃，大部分潜力无法得到充分激发，最终可能真的沦为一事无成的人。

正确的教养方式

许多家长常常对孩子抱有偏见，特别是对那些曾被标签为“难管教”的孩子。这种偏见是对孩子心灵的伤害，往往导致孩子最终成为父母口中的负面形象。因此，家长应打破偏见，以公正、包容的心态引导孩子，助其发现优点，追求梦想。

第一，想清楚，你到底对孩子做了什么

孩子们深切地渴望父母的理解与关爱，希望在情绪低落时能得到他们的陪伴与慰藉，在遇到难题时获得他们的鼓励与协助，在受到委屈后能得到他们的及时安抚与支持。但许多家长可能无意中忽视了这些需求，反而过于聚焦孩子的某些不足，持续进行负面评价，误以为是激励与警醒。然而，这样的做法往往让孩子在孤独中沉沦，自我价值感受到严重打击。

第二，教育孩子时，请收起所有成见

父母必须意识到，偏见是对孩子心灵的伤害。在教育孩子时，父母应避免带有任何先入为主的观念，绝不应有“这孩子将来肯定没出息”的消极想法。这种心态会严重损害孩子的自尊，阻碍他们自信心的建立，也不利于他们的全面发展。

第三，积极肯定孩子的每一个进步

当一个平日里调皮捣蛋的孩子突然开始改变，减少了不良行为，变得更为乖巧懂事，父母应该给予充分的认可和赞赏。这很可能是孩子经历了某种触动后的自我提升。父母每天都需要以全新的视角去看待孩子，避免用老思维去评判他们。如果父母能够及时肯定孩子的每一个好的转变和努力，孩子就会持续努力给我们看。

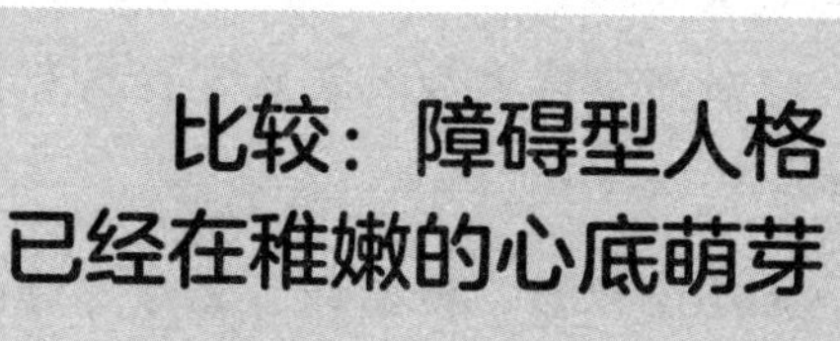

比较：障碍型人格已经在稚嫩的心底萌芽

鲤鱼悠游水中，燕子翱翔天际，每个孩子也都有其独特的天赋。当他人之子如鱼得水时，你可曾察觉到自己的孩子也潜藏着飞翔之力？请记住，孩子需要的是我们的呵护与鼓励，而不是与他人做无谓的比较。发现并珍视他们内在的力量，才是真正的爱。

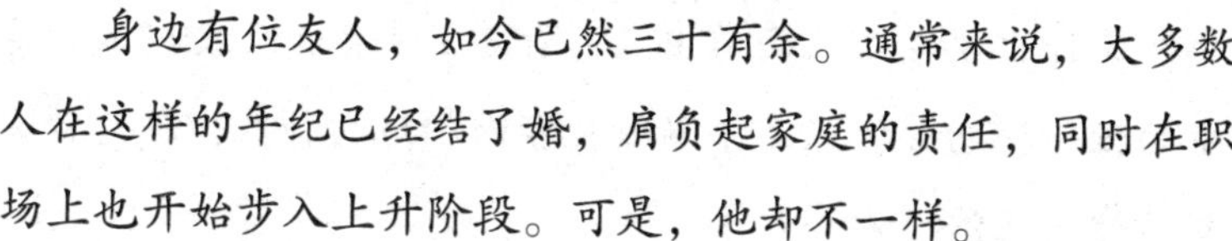

原生家庭档案

身边有位友人，如今已然三十有余。通常来说，大多数人在这样的年纪已经结了婚，肩负起家庭的责任，同时在职场上也开始步入上升阶段。可是，他却不一样。

他不上班，一直躺平在家中，生活的主题就是打游戏。钱花完了，他就伸手向父母要，不知不觉中踏入了“啃老族”的行列。

某次聚会上，几杯浊酒下肚，他的面庞略显晦暗，开始讲述自己的童年往事。

他说，自己曾是一个性格内向的孩子，幼时主要在爷爷

奶奶身边成长。爷爷奶奶当时都还未退休，各自忙于工作，能给予他的关注和陪伴相当有限。在缺乏关爱与交流的环境下，他渐渐变得更加沉默寡言，没有其他孩子那样的活力与朝气。

上小学以后，他回到了父母身边生活。他的父亲性格急躁，常常对他严词责备。更令他难过的是，父亲总是喜欢拿他和别人比。“你真是白白浪费了这么多年粮食，看看你的成绩，真让我为你感到羞耻。你瞧瞧楼上的王浩宇，虽然比你小两岁，却和你同年级，成绩比你强多了！”

在一次学校举行文艺汇演时，家长们受邀共同参加。三年级的孩子们精心准备了一场舞台剧，王浩宇在剧中担任主角，以王子的形象站在舞台的中心。而他则充当了一个仆人的角色，负责端水。由于紧张，他不慎在舞台上跌倒，引得家长们哄堂大笑。

回到家后，父亲的责备又如约而至：“你到底是怎么回事？为什么要在众人面前出丑？看看王浩宇，他扮演的是尊贵的王子！而你，只是个卑微且颜面扫地的仆人！你为什么就不能向王浩宇看齐……”

在父亲连续的责备声中，他面如死灰地蜷缩在椅子里，内心充斥着一个执念：如果王浩宇死掉就好了！没有他，爸爸或许就不会如此斥责我了。

迈入青春期后，他的叛逆情绪愈发强烈。父母越是期望他做什么，他越是反其道而行之。高中毕业后，他没考上大学，也没出去打工，这些年一直依赖家里的经济支持。

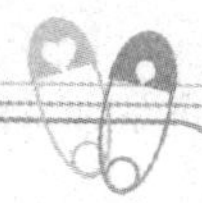

他内心也明白这样的行为并不妥当，然而性格一旦形成，便难以轻易改变。尤其是在童年时期未能及时调整，如今想要扭转，更是难上加难。

清醒点！你已经伤了孩子

生活中，很多家长喜欢拿“别人家的孩子”教育自己的孩子。这种行为的背后隐藏着不同的动因：有些家长试图通过此举来激发孩子的羞耻心；有些则是为了鞭策自己的孩子更进一步；也有些仅仅是向孩子发泄不满，抱怨自己的孩子不够出色。但不论出于何种原因，只要家长在比较中流露出对自己孩子的贬低，都是对孩子自尊心的一种打击。

控制欲强的父母常常认为，通过比较，能够推动孩子向前迈进，但这其实只是一种单方面的美好愿景。从孩子的视角来看，父母的这种消极比较无疑是对他们的否定，甚至被视作厌恶自己的信号，这可能会导致孩子产生极端的执念。

父母在孩子面前频繁地赞扬他人的孩子，却不断地贬低自己的孩子，这无疑会对孩子造成深远的负面影响。即便孩子取得了进步，如果家长依然吝于给予肯定和鼓励，孩子难免会感到失落和不满。他们可能会觉得，无论自己如何努力，都难以赢得父母的认可和满意。这种心态或许会成为孩子叛逆的催化剂，使他们不再愿意听从父母的教导，而是选择随心所欲，只追求自己的快乐。

对于性格较为内向或柔弱的孩子来说，这种情况更可能引发他们深度的自我怀疑。他们可能会开始质疑自己的价值，认为自己确实不如他人，从而逐渐陷入自卑的情绪中无法自拔。这种自卑感会像一道无形的墙，阻碍他们与他人的正常交流，让他们总觉得自己低人一等。

正确的教养方式

以他人孩子之长比较自家孩子之短，这种横向的比较往往只看到孩子和别人的差距，只会在孩子心中种下自卑的禾苗。父母应摒弃这种消极、负面的教育方式，转而以积极、鼓励的态度引导孩子，帮助他们建立自信，健康成长。

第一，不要以他人为标杆要求孩子

看到邻家孩子小提琴技艺娴熟，便急忙为孩子报名小提琴课程；听闻他家孩子英语流利，便催促自家孩子学习超纲的英语句子。控制欲强的家长，常常以他人的成就为自家孩子设定标杆。但试想，如果孩子反过来对你说，“看，别人家的父母住着宽敞的豪宅”，或“别人家的座驾多么气派”，或“别人家的母亲多么美丽动人”，面对这样的比较，你又会作何感想呢？

第二，改横向比较为纵向对比

何为“纵向对比”？简而言之，就是对比孩子的现在与过去，帮助他们认识到自己在哪些方面取得了进步，哪些地方仍有待提高。当孩子察觉到自己的成长与进步时，他们会从中获得成就感，进而激发出积极向上的动力。每过一个阶段，家长都可以引导孩子与过去的自己进行对比，从而持续激发他们的进取心。

第三，尝试“反向比较”

针对“羡人之长，羞己之短”的孩子，选用反向比较，挑选他人的短处做为比较的目标，对于清除自卑心理状态、做到心理平衡能起到出乎意料的实际效果。但切勿急于求成，为了迅速建立孩子的自信，而在孩子面前贬低他人，列举负面例子，试图通过反向比较来取悦孩子，这种做法很可能会让孩子变得骄傲自满，轻视他人。有效运用反向比较，应来源于对孩子自身正确的认识与评价，而非通过贬低他人来抬升自己孩子。

卖惨：又一个孩子被困在自卑型人格的阴影里

真正的爱，并非怀有某种目的的索取，而是源自内心深处的付出，是在孩子陷入低谷时给予的温暖，更是那份坚定不移的托举。那种愧疚式教育，即父母通过示弱、诉苦甚至自虐而让孩子感到愧疚，从而达到让孩子听话、控制孩子的教育方式，其影响往往是滞后的，它可能让原本温柔的性格变得极端化，孩子要么叛逆，要么极度自卑。

原生家庭档案

小祁与家乡的联系在逐渐减少。在一线城市工作的她，需要乘坐一天的高铁辗转到家，所以往往只有到了放年假的时候，她才能够回家探望父母。

父母每次都向她抱怨："长大了，翅膀就硬了，不再听父母的话了。养个孩子有什么用，就像养了个忘恩负义的白眼狼。"听到这样的话，小祁的心里更是充满委屈。

从小到大，小祁都是一个异常懂事的孩子。母亲时常对她说："家里条件不好，要好好学习啊，不然怎么对得起我

们对你的全力付出？你看，为了供你上学，我和你爸爸过得多苦。”

因此，小祁从小学到大学，一路走来，从未任性过，总是谨小慎微地生活着。与此同时，小祁的性格也变得卑微起来。别人对她稍微好一点，她就受宠若惊，觉得这是莫大的优待；学校里有什么好的展现机会，也不敢为自己去争取，因为她总觉得“我这样家庭的孩子不配”；因为自感卑微，所以总是委屈自己，去迎合、讨好别人。

大学毕业以后，小祁的职业发展很不错。然而，她的一些习惯，有时真的很难让人接受。在工作中，一旦有人比她做得更好，她就会开始怀疑自己的能力，然后反复念叨着“自己愧对父母”的话，整个人变得非常沉郁。同事们听多了，便越发反感起来。

小祁的工资除了交房租以外，大部分都转给了父母，这导致她的经济状况有些拮据。然而，她从来不敢向家里要钱，因为父母总是向她哭穷。她记得很小的时候，爸爸曾说过，父母是她永远的依靠，但如今这句话却成了空话。

于是，在与朋友、同事交往时，小祁总是显得很“抠门”，当然大家也都能理解她的处境。只是偶尔她主动邀请别人吃顿“好的”时，事后都会念叨着自己对不起父母，说父母在家省吃俭用，自己却在外面大手大脚。这真的让被请客的人，心里五味杂陈。

小祁经常说自己家里很穷，但父母对她很好：“鸡肉都

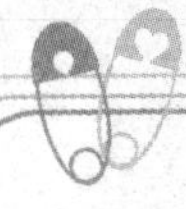

给我吃，他们就捡鸡骨头吃，没刺的鱼肉给我吃，刺多的他们才捡着吃。”

小祁的父母经常告诉她说：“咱们家这么穷，供你一个大学生不容易，但爸爸妈妈就算砸锅卖铁也要让你上学。你一定要出人头地，将来父母也能跟你沾些光。可千万不要在外面学坏呀！”所以她一直觉得，父母之所以生活这么艰难，全都是自己造成的，所以她不能享受，不能只顾自己快乐，她只有当牛做马才能回馈父母的恩情。

漂亮温顺的小祁直到30岁还没有谈过恋爱，不是没有过少女情怀，只是觉得“我家里条件这么差，我配不上他”。

这一切，都让小祁陷入严重的情绪内耗。经历痛苦、纠结，在愧疚中消磨自己很久以后，小祁才明白，造成自己今天这种状态的原因，正是过去父母一直对她的“哭穷诉苦”教育。

清醒点！你已经伤了孩子

父母卖惨的行为，其本质在于构建一种“牺牲感”。他们试图通过引发孩子的愧疚，甚至是自我感动，来促使孩子按照他们预设的轨迹“懂事”地成长，并期望孩子未来能有所“回馈”。显然，这种表面上看似“无私”的付出，实则是对孩子进行微妙操控的一种手段。

确实，有时候父母的控制教育方式并非显而易见，甚至他们自己都可能未意识到这一点。但无论控制的形式如何，它都会在孩子心中留下深刻的伤痕。

父母过度强调和歌颂苦难，这只会让孩子产生自卑感和负罪感。而对于那些尚未具备明确判断力的孩子们来说，他们从中受到的影响无非是两方面：一方面是他们在懵懵懂懂中就被要求去理解和共情父母的痛苦，稍微对自己放松一点，就会被强烈的愧疚感所困扰。另一方面是他们逐渐失去了作为孩子应有的那份纯真与快乐。从孩提时代开始，他们便很少有机会像一个天真烂漫的孩子那样无忧无虑地生活。相反，他们总是以父母的期望和意志为首要考虑，习惯了压抑自己的愉悦、委屈和不满。

随着时间的推移，这种教育方式或许会催生两种截然不同的极端：一种是痛苦的“服从者”，他们如同失去了灵魂的傀儡，完全沦为了父母的附庸；另一种则是冷漠的“受伤者”，他们的内心深处布满了伤痕与叛逆的荆棘，与父母产生了距离和隔阂。

正确的教养方式

“愧疚式教育”之所以被广泛采用，其根本原因在于它的简便性和即时性。每当父母运用这种方式，懂事的孩子往往会立刻安静下来，内心充满歉疚，从而顺从父母的意愿。

这种教育方式，或许能让父母在短暂的时光里感受到轻松与舒适，但它却给孩子带来了长久而深远的痛苦与影响。因此，作为父母，必须更加审慎地选择教育方式。

第一，不要将生活的压力转嫁给孩子

“爸妈如此辛劳，你这成绩能对得起谁的付出呢？”“若是没有你，我现在或许早已……”就像儿时一般，成长中的孩子对父母的爱总是那么纯粹而无私。一听到这样的话语，他们心中便不由自主地涌起一股罪恶感：“是我不好，让爸妈如此操劳。若是没有我，他们或许能拥有更加美好的人生。”然而，父母需要深知，给予孩子适当的关爱与必要的培养，是身为父母最基本的职责。若将这份责任转嫁于孩子，让他们误以为自己成了父母痛苦的源泉，这无疑就是一种家庭暴力了。

第二，告诉孩子“你不需要委屈自己”

这番话一定要告诉孩子：你真的非常优秀，你配得上这世间所有的爱。你不需要刻意压抑自己，不断地讨好爸爸妈妈，去承接我们所有的期待和要求。我们难免望子成龙，肯定会有不对的地方，如果你不喜欢，可以拒绝。更不要把这种讨好延伸到所有你遇到的人身上，包括你的老师、同学、朋友，你将来的恋人、领导、同事。你的优秀，从来不需要通过讨好这种方式来获得认可。

第三，学会自我消化，不向孩子过度倾诉

童年是短暂而珍贵的，孩子们应该在这个时期享受到纯真和快乐。作为父母，要控制自己向孩子倾诉负面情绪的欲望，因为他们不应该承受成人的重压。同时，对于孩子合理且家庭能够负担的要求，父母应该尽量满足，为他们营造一个充满安全感和爱的成长环境。

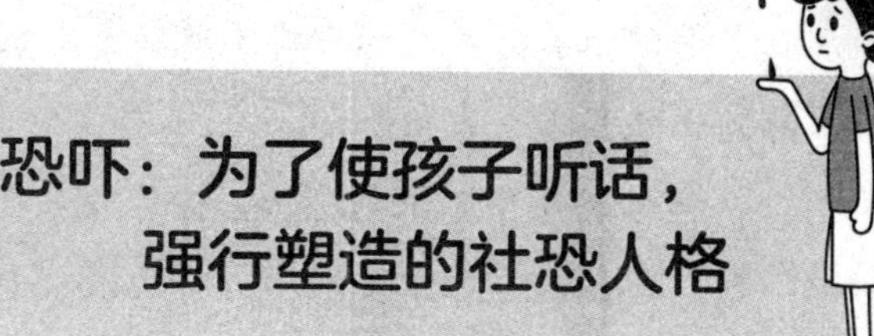

恐吓：为了使孩子听话，强行塑造的社恐人格

我们绝不能因为社会的纷繁复杂，就将孩子紧紧庇护在自己的翅膀之下。长此以往，孩子可能会对外部世界产生深深的畏惧，对父母形成过度的依赖，进而丧失独立面对外界压力的能力。作为父母，我们的目标应该是培养孩子成为能够勇敢面对社会挑战的个体，而非一味逃避现实的温室花朵。

原生家庭档案

佐佐刚上小学一年级。有一段时间，他总是抱怨肚子疼，小便困难，这可急坏了爸爸妈妈。经过医院的详细检查，佐佐被诊断为急性肾炎。在医生的仔细询问下，原因浮出了水面：佐佐在学校因为过度担忧安全问题而避免使用厕所，长时间憋尿，从而引发了这一健康问题。

佐佐的性格较为胆小，对于未知的事物充满了恐惧，比如大人口中的坏人、神话故事中的怪物等。据说，佐佐在五岁那年，曾因观看《活佛济公》中的妖怪情节而被吓哭，那

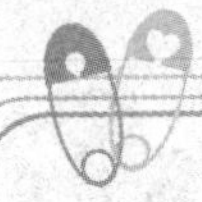

个恐怖的形象在他幼小的心灵中留下了深刻的烙印，导致他在之后的很长一段时间内都不敢接触电视，生怕电视里会突然跑出妖怪来伤害他。

佐佐爸爸平日工作繁忙，佐佐大多数时间都是与妈妈在一起。妈妈的身体不太好，有时难以应对孩子活泼好动、好奇探索的天性。所以当佐佐不听话时，妈妈有时会用一些恐吓的话语来约束他，比如“不听话的孩子会被坏人抓走”或者“妖怪最喜欢吃不听话的小孩”。

佐佐妈妈发现，每当提及坏人或妖怪，佐佐就会变得特别听话。这种吓唬的方法似乎非常有效，佐佐的行为变得越来越规矩。然而，随着时间的推移，它的副作用也逐渐显现出来：佐佐的胆子变得越来越小。他害怕黑暗，睡觉时必须开灯，甚至在家中上厕所也需要大人的陪伴。对于陌生人，他更是避之不及，一旦有未见过的客人尝试接近或互动，他就会因恐惧而大哭。

佐佐上小学以后，妈妈担心他因为胆小而受到同学的欺负，因此开始教导他如何应对各种情况：遇到霸凌要告诉老师，上厕所要结伴而行以防范坏人，对陌生人的问话要保持警惕以防人贩子，等等。然而，这些本意为保护孩子的建议，却在无形中加深了佐佐的恐惧。在学校，他变得愈发孤立，不敢与同学互动，总是独自坐着观察。面对老师的提问，他也只是低头小心翼翼地回答。他甚至不敢邀请同学一同上厕所，更别提独自前往了，长时间的憋尿最终导致了健康问题。

清醒点！你已经伤了孩子

在儿童的早期成长阶段，他们的心理结构尚未完善，对于想象与现实的界限常常模糊不清。因此，当家长轻率地运用“坏人”或“妖怪”等词汇来吓唬他们时，孩子们很可能会将这些虚构的元素视为真实存在的威胁，从而导致内心充满了不必要的恐惧。

更为关键的是，这一时期的孩子正处于自我意识初步觉醒的关键阶段。他们需要通过自我探索、尝试与面对挑战来逐渐建构自信，培养主动性，并在此过程中形成对自我的认同。而恐吓式的教育方式，无疑会阻碍这一进程，它可能会使孩子变得自我怀疑，产生自卑情绪，进而形成怯懦、退缩甚至孤僻的性格特征，这对于孩子的未来发展是极为不利的。

事实上，当孩子的心理被社交焦虑与退缩的阴影悄然笼罩，将他与同伴间的和谐纽带撕扯得支离破碎之时，往往还潜藏着更为深邃而复杂的问题。譬如有那么一些孩子，他们如同易燃的火焰，内心充满了冲动与攻击，又或者宛如永不停歇的马达，以极度活跃之姿在世间狂奔。而另一些孩子，则仿佛是社交舞台上的隐形之人，他们缺失了那抹社交的魔法光辉，或许还常常因情感的脆弱而泪眼婆娑。最终，这些孩子不幸地沦为了社交世界中的弱势群体，他们如同被遗忘在繁星之外的孤星，可能遭受忽视、排斥，甚至更为悲凉的是，被同龄的伙伴们彻底隔绝于群体之外。

正确的教养方式

有社交退缩倾向的孩子往往给人一种冷漠、疏离的印象，他们似乎缺乏友善、信任和热情，这使得周围的人难以触及他们的内心，更无法了解他们的真实才能和潜力。作为父母，应当让孩子能够更好地融入社会，展现自我。

第一，避免过度使用“外部威胁”来教育孩子

请不要频繁地用“外面坏人很多”这样的话来吓唬孩子。向孩子灌输“外界充满危险”的观念，可能会阻碍他们去结交朋友、接触社会，从而影响他们的社交发展。孩子的成长就是一个逐步适应环境的过程，他们需要自己去探索、去体验。事实上，让孩子适当地了解社会的多元性——包括美好与不足，对他们的全面发展更为有益。

第二，积极传递正能量

父母应该多向孩子分享社会上的正面故事，让他们感受到世上的善良与温暖。教育孩子学会自爱，并学会关爱周围的人。同时，鼓励孩子积极参与集体活动，与同伴们共同玩耍。这样，孩子能更快地融入集体，建立和谐的人际关系，并有效克服孤独感。

第三，教会孩子自我保护的能力

为了保障孩子的安全，父母需要教会他们一些基本的常识，以及如何在不同情境下进行自我保护。这样，孩子在面对潜在风险时，将更有能力做出明智的判断和应对。

嫌弃性责骂：他的整个世界都是那该死的羞耻感

若孩子的自我认知受到破坏，他们很可能会偏离正道，甚至演变成所谓的“问题儿童”。因此，作为父母，应当致力于维护和提升孩子的自我意象，以确保他们能够沿着正确的方向健康成长。

原生家庭档案

王燕一边看着手机，一边和闺蜜林玲分享网络上的一则消息。

一个初中男孩离家出走，切断一切联系，至今尚未寻到。

那个男孩天生有一点迟钝，长得也普普通通，但是性格要强。他还有一个弟弟。

弟弟与他相貌迥异，脸庞宽大，眼眸明亮，透着一股子聪明劲儿。两兄弟在同一所学校上学，原本哥哥是高弟弟一级的，但因为学习跟不上，被父母要求“自愿留级”，最终与弟弟成了同班同学。这样一来，男孩就成了前任同学和现任同学经常讨论的话题人物。显然，这令他非常尴尬。

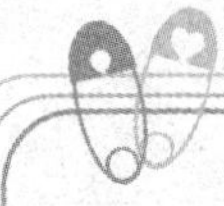

或许是因为他学业上的困境，加上外貌上不如弟弟那般出众，使得妈妈逐渐对他失去了耐心。每当翻阅他满是错误的作业时，妈妈便忍不住埋怨：“我堂堂一个重点大学的毕业生，怎么就生了你这么个既笨拙又不起眼的孩子？真是不知道我前辈子做了什么错事！”

这孩子虽然脑筋转得慢些，但这些话语他还是能听明白的。久而久之，他对自己的人生彻底失去了信心，再加上在家里也得不到父母的关爱，于是他选择了离家出走。

找不到孩子，父母也是心急如焚、悲恸欲绝，可是，这份关爱似乎来得晚了点。

对于此事，王燕忿忿不平，她评价道：“怎么会有这样的父母啊，自己的孩子都嫌弃，难道基因不是自己的吗？”

林玲黯然失色，半晌，轻声说道：“我父母也是这样的人，可我却没有逃离的勇气。”

林玲品貌俱佳，身材修长，无论身处何地，都能立即成为一道引人注目的美丽风景线。然而如今年近而立，却仍旧保持着单身的状态。

可是，她并非高冷，也不是对异性心怀排斥。事实上，她既渴望爱情，又不敢去接近自己心仪的男孩，她的内心很挣扎，很矛盾，也很痛苦。

谈及两性情感与婚姻伴侣时，林玲总是抱着一种消极的态度。她不敢奢望自己能牵手白马王子、如意郎君，也不苛求对方对自己有深情厚义，仅仅希望对方能够始终如一，不要始乱终弃。她对婚姻和伴侣的期望值非常低——只要两人

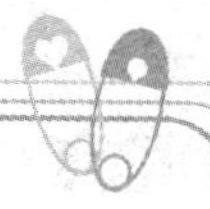

能搭伴生活，衣食无忧便满足了。

这样一个条件出众的姑娘，对婚姻的要求竟如此卑微，不禁令人揣测：她难道曾经历过锥心刺骨的情感创伤？然而事实并非如此。林玲从来没有真正谈过一次恋爱，即使是那种让人又爱又恨的魅力型“渣男”，也完全没有机会伤害她。

那么，究竟是什么原因，使林玲对感情生活的期待如此卑微呢?

从心理学的角度来看，林玲这种自我贬低的不自信，其根源在于她内心深处的自我价值感过低。

当林玲再次对王燕谈起自己的父母时，王燕已经找到了答案。

林玲的父母算是打压型父母的典型。从小到大，林玲能不能优秀似乎全靠她个人的努力与运气。无论她做什么，父母总是带着一种质疑和不看好的态度。比如，“你要是能够考上重点大学，那就是咱家祖坟冒青烟了”“自理能力这么差，离开我们，你在学校里能活得下去”。

大学毕业后，林玲踏入社会开始上班工作，父母看到亲朋好友的孩子工作出色、婚姻幸福，就不停地在林玲耳边唠叨：“你看别人家的孩子过得多好，你怎么就不能让我们也扬扬眉、吐吐气呢？”

“别人家的孩子”，这句话深深地刻在了林玲的心里。因此，在与他人相处时，林玲总是习惯性地关注别人的优点，然后拿自己的不足去比较。

这样的话题，使王燕和林玲都陷入了沉默。

清醒点！你已经伤了孩子

老话讲，子不嫌母丑。反过来，也可以说母不嫌子丑。但生活中，很多父母却非常喜欢以贬低、打压的方式，试图去操纵孩子的心理和行为。我们来试着分析一下这类家长的心理动机。

第一，我是个要面子的人，孩子不好，丢我的脸。我数落他，是让他长记性，不要丢我的脸。我要让别人知道，不是我教得不好，是他本质太差。

第二，我这是鞭策，让他深刻认识到自己的缺点，是在鞭策他改进。他如果能够变好，是我鞭策有方；他如果毫无长进，我就加强鞭策，鞭策得他铭心刻骨。

第三，孩子的缺点就摆在那里，难道我还要表扬他吗？我要把他塑造成一个完美的孩子，完美的孩子就不应该有缺点。他身上这么多缺点，骂他都是轻的！

第四，我这辈子已经没指望了，所以我只能指望孩子出人头地。他要是做得不好，我就要让他知耻后勇。

第五，我现在这个样子，就是因为过去父母对我不严厉，我绝不能让孩子步我的后尘，骂他是为了让他清醒，是做父母的责任。

那么，这些家长这样做真的能够得偿所愿吗？

在孩子的成长过程中，如果持续受到贬低、排挤甚至是憎恶等消极信息影响时，他们的自我价值感会逐步被侵蚀，生命的活力和自信也会被削弱，从而在人群中愈发感到自卑。

对于那些天资聪颖且情感细腻的孩子而言，这种影响尤为显著。面对初次的贬低和嘲讽，他们或许会选择沉默以对，但随着这些负面信息的不断累积，当达到某个临界点时，各种心理和行为问题便可能浮现出来。

正确的教养方式

倘若你的孩子，在尚显稚嫩的年纪，便已时常展露出忧郁的神情，那么请务必要警醒。在学校里，他是否总是远离那些热闹的场所，仿佛与周遭的欢声笑语格格不入？在家里，他是否更倾向于蜷缩在自己的小天地里，与你们之间的对话变得愈发稀少？

种种这些迹象，都可能在无声地诉说着他内心的挣扎。或许，正是你那不经意的嫌弃性责骂，已悄然在他心中种下了自卑的种子。长时间的缺乏激励，没有成功的体验如同干涸的荒漠，让他的心灵逐渐枯萎，形成了一种消极的人格特征。

若任由这种忧郁的情绪继续蔓延，伴随他成长的每一步，那么当他踏入社会的大门时，很可能便会被那些沉重的情绪所累，成为社会惰性群体中的一员。在这样的状态下，想要取得什么成就，无疑是难上加难。因此，家长请务必在此刻悬崖勒马，换一种态度去教育孩子，用爱去滋养他受伤的心灵。

第一，爱“难看”的孩子才是真爱

赏识和喜爱那些优秀的孩子，对每位家长而言都是轻而易举的事情。然而，我们必须认识到，所谓的“好孩子”只是少数，更多的孩子属于“普通孩子”的范畴，甚至被贴上了“顽劣”的标签。对于那些未能达到父母预期的“坏孩子”或“难看”的孩子，给予他们关爱才是真正的雪中送炭。他们更需要家长格外精心的关爱和呵护。

第二，用善意的谎言激发孩子的潜能

父母对孩子的影响力是无与伦比的。当父母告诉孩子“你是最棒的”时，孩子就会相信自己有着无限的前途，从而变得更加自信和自强。因此，即使你的孩子并不那么优秀，作为家长，你也不妨给孩子一个善意的谎言。用你的鼓励和信任，把孩子的天赋发挥到极致，让他们在各方面都取得异乎寻常的进步。因为有时候，一个善意的谎言，可能就是激发孩子潜能的钥匙。

第三，为孩子的微小进步鼓掌，助力成长

在某些时候，父母应该学会忽视孩子的缺点或不良习惯，而将自己的预期目标分解成小步骤，循序渐进地引导孩子。这样，孩子就能更容易地改掉坏习惯。也就是说，如果一个孩子有某种不良生活行为，父母不应该对此紧抓不放，而应该找到孩子偶尔没有表现出此不良行为的时候，给予他们及时的鼓励。如果父母对孩子的每一个微小进步都能加以鼓励，这就是对孩子积极行为进行强化的最好方式。因为孩子的成长需要家长的认可和鼓励，每一次的鼓掌都是对他们努力的肯定，也是他们继续前进的动力。

父母愿意弯下腰，孩子才能停止自我厌恶

做孩子的朋友，而不只是他的监护人

孩子有什么想法、烦恼或是不解，他们宁愿向朋友倾诉，或是把它们埋藏在日记里，也不愿意向父母袒露一点儿心声。作为父母，倘若你能成为孩子的知心朋友，那该多么美妙。孩子便无须四处寻觅那个能听懂他们的人。你也能敏锐地捕捉到孩子遇到的难题与困惑。在这样的情境下，教育的成效自然会显著提升。

原生家庭档案

妈妈坐在儿子旁边，自顾自讲了一个又一个励志人物故事，其内容之丰富，仿佛跨越了时空的界限，从古至今，从中到外，毫不遗漏。从岳飞精忠报国的英勇事迹，到林肯解放黑奴的伟大历程，再到华为创始人任正非的奋斗史，每一个故事都讲得十分精彩。

在讲述这些故事的过程中，妈妈始终强调着学习知识与获得成功的重要性，不时地转头对身旁的儿子叮嘱：“你一定要好好学习啊，长大以后要有所作为，千万别浪费了大好

时光，还有我和你爸爸的一片苦心。”

然而，那孩子却只是低头沉浸在手机游戏的世界里，对妈妈的“苦口婆心”充耳不闻。他们虽共坐一桌，心灵却仿佛相隔千山万水，妈妈的每一番教诲都似乎被孩子面前那无形的“屏障”一一阻隔。

其实在此之前，儿子曾向妈妈坦诚地表达过自己的心声，他表示自己并无成为世人眼中的“成功人士”之宏愿，只愿做一个简单快乐的普通人，享受生活的每一份美好。

但此言一出，却如同触动了妈妈的敏感神经，她顿时火冒三丈，摆出一副高高在上的姿态，严厉地训斥道：“你这是说的什么话！我们这个家庭怎么可能培养出你这样没有追求的人？你外公是受人尊敬的大学教授，你爸爸是救死扶伤的医生，就连我，也是受过高等教育的人！你怎么能说出这样的话来呢？”

面对妈妈这番充满压迫感的言辞，儿子选择了沉默。他深知自己的想法难以得到理解，于是也便不再去理会那些纷扰的言语，只愿在心中坚守那份对简单快乐的追求与向往。

清醒点！你已经伤了孩子

在生活中，这样的父母并不鲜见，他们似乎从未真正静下心来，聆听孩子内心深处的感受与想法。一旦孩子的言辞稍显偏离他们预设的轨道，便立刻以一种居高临下、过来人的姿态，试图压制孩子的独立思考。

如果长此以往，孩子的心灵的围墙便如同累积的砖石，越砌越高。父母想要再次触及孩子内心的真实世界，或许会比登天还要艰难。

毕竟，没有人愿意自己的一片真心，换来的却是嘲讽与责备，孩子自然也不例外。

父母单方面的全力付出，如果忽略了孩子的真实感受，那么又怎能期待孩子会向他们敞开心扉呢？

“家”这个字眼本应该是充满爱与信任的温暖港湾，是一个人人都可以放下防备、展现真我的地方。然而，如果孩子连自己的想法都无法在家中自由表达，那么家又怎能成为真正的避风港呢？

正确的教养方式

想要培养出人格健全、心灵自由的孩子，家长们就需要摒弃那种“高高在上”的监护人姿态，将孩子视为平等的朋友，耐心地倾听他们的每一个想法。只有这样，父母与孩子之间才能搭建起一座沟通的桥梁，而非筑起一道难以跨越的高墙。

第一，放下高高在上的姿态

与孩子缔结友谊，不仅是一门深邃的学问，更是一种精妙绝伦的艺术。务必请家长摒弃那种“他仅仅是我的孩子”的观念，而要深情地告诉自己：“他是我的朋友，他值得我的尊重。”试着跨出那一步，成为孩子的知心朋友，你将会收获无法预料的惊喜。在这个过程中，请以朋友的身份，平等地与孩子交流。孩子需要的不是命令和指挥，而是理解和沟通。对于性格内向的孩子，家长更需以温柔细心的方式去呵护。当然，也要注意不要过于溺爱，以免日后难以引导。

第二，参与孩子的活动中去

家长参与孩子热爱的活动，是升华亲子情感的最佳途径。无论是共同玩一款游戏，还是一起翻阅书籍，或是携手制作手工艺品，乃至一同探索未知的领域，都可以探寻孩子的兴趣所在。这些共享的时光，将铸造亲子之间更为紧密的纽带，让孩子深刻感受到父母的支持和关怀。

第三，做孩子忠实的倾听者

有时候，在聆听孩子的言语时，我们或许会为他们出色的表达能力而惊讶，甚至对于他们那些长篇大论的阐述感到难以置信。这对我们而言，或许是一种挑战，但更是一种幸运。当孩子能够流畅自如地表达自己时，说明他们对周围的环境感到安全和舒适。我们应当珍视这份信任，通过我们的反馈，让孩子知道他们是被重视的、被深爱的。

培养优秀的小孩，爸爸妈妈要有“三心”

若是我们没有充足的包容之心，便无法与孩子建立起深厚的爱与信任关系。这份爱与信任，是成功教育不可或缺的要素。一旦我们与孩子之间缺乏这样的情感连接，我们为他们设立的规矩便会形同虚设，教育效果自然也会大打折扣。

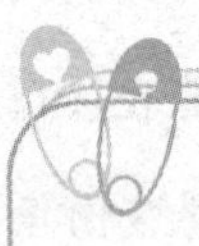

原生家庭档案

灵灵的母亲是个典型的完美主义者，她的眼里容不下一粒沙子。由于对完美的过度追求，她对女儿和丈夫都极其挑剔。

在母亲的视角里，女儿灵灵的活泼被视作不稳重，热心助人被解读为不够矜持，热爱运动更是被批评为不文静、不优雅。面对母亲的苛刻标准，灵灵感到无所适从，无论她如何努力，似乎都无法满足母亲的期待。久而久之，灵灵开始产生了逆反心理，故意与母亲对着干，青春期的她行为愈发叛逆，甚至选择自我放纵。

这一变化让灵灵的母亲难以接受，母女之间的关系愈发紧张，争吵不断，最终两人形同陌路。

与此同时，灵灵的母亲又将挑剔的目光转向了丈夫。她先是责怪丈夫对女儿管教不严，后又抱怨是他把女儿宠坏了。面对妻子的指责，灵灵的父亲感到无法忍受。他认为在教育女儿的问题上，妻子有着不可推卸的责任。

夫妻俩因此争吵不断，这个原本收入稳定、生活无忧的三口之家，从此陷入了无休止的纷争之中。

清醒点！你已经伤了孩子

孩子往往承载着父母深厚的情感，而许多父母的挑剔之举实则源于“恨铁不成钢”的殷切期望。这种期望过高时，便容易转化为失望，而父母的过分挑剔又常常导致孩子的消极情绪滋生。

面对无法达到父母期望的重压，不少孩子选择以逃避来应对。他们逃避学习、逃避考试，甚至逃避与父母相处的时光。有些孩子连与父母共进晚餐都感到畏惧，因为那往往是父母挑起敏感话题的时机，使得一顿本应温馨的晚餐变得沉重不安。

如今问题孩子屡见不鲜，其中一部分原因在于挑剔且不宽容的父母不在少数。父母的这种行为习惯，无疑给孩子成长道路设置了重重障碍。一个在挑剔环境中成长的孩子，性格往往趋于自闭，行为更易走极端，并且他们也会以同样的挑剔眼光看待他人。

正确的教养方式

若想把孩子教育得出色，父母首先需要调整好自己的心态。唯有使孩子真切感受到家庭的温馨与父母的深情关怀，他们方能逐步克服并矫正自身的不良情绪和不当行为。

第一，父母要有耐心

父母应该深刻认识到，纠正孩子的不良习惯并非轻而易举之事，也无捷径可循，这一过程切忌急躁。父母必须保持充足的耐心，细心地引导孩子，静心陪伴他们游戏，耐心阐释道理，倾听他们的真实想法。

第二，父母要有恒心

无论是培养孩子养成良好习惯，还是助其改正不良行为，对父母而言均是一项漫长且富有挑战性的任务。在此过程中，父母必须保持恒心，切忌半途而废或意气用事。优秀的父母在教育子女时，总会制订长远的规划和安排，深谙“持之以恒，必见成效”之理，因此不会轻易放弃对孩子的引导和教育。正是他们的坚持和毅力，最终引领孩子走向正确的道路。

第三，父母要有“宽容心”

父母的宽容心是指对于孩子的过失、缺点、毛病、问题等不过度计较和指责的豁达心理。具备宽容心的父母往往懂得适时放手，尊重孩子的独立性和自主性，为他们提供广阔的选择空间。此举有助于充分发掘孩子的潜能与特质，并鼓励他们勇敢追求自己的梦想。如此悉心培养的孩子，在未来往往能够拥有更广阔的发展空间。他们能够从事自己热爱的事业，并持之以恒地为之努力。这种坚持和热情有助于他们更容易取得成功，成就非凡的人生。

用可凶可甜的态度，在探讨中点拨孩子

有的孩子在丰富多彩的生活面前显得畏首畏尾，不愿轻易尝试，主要原因在于他们在家庭中经常遭受父母的责备，以及父母过于严格的管教。这导致他们形成了畏惧挑战、被动应对的习惯。父母频繁的斥责和严苛的管束不仅会限制孩子的主动性，还会扼杀他们心灵中的创造力和探索精神。

原生家庭档案

有一位优秀的中学教师，她所带领的班级纪律要求严明，学生们大都学业有成。

她在家庭中，对待自己的孩子也同样严格。在家中，孩子们须保持安静，饭桌上不得随意交谈，坐姿必须端正，家中的规矩层出不穷。孩子稍有不慎，便会遭到她的责备。

然而，经年累月的这种刻板训练，虽然使得孩子们行为得体，礼貌周全，但也让他们变得过于拘束，胆小怕事，缺乏主动性。

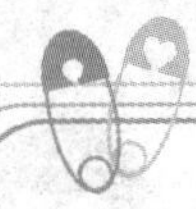

某日，她的学校举办了一场观摩教学活动，因此她中午未能返家。孩子们放学后回到家中，便坐在沙发上等待母亲。整个中午，她都没有回家为孩子们准备午餐，于是孩子们也整整饿了一个下午。

当孩子们下午放学回家，她询问他们的午餐情况，得知他们并未进食。她疑惑地问12岁的姐姐，为何不自己准备午餐。

两个孩子异口同声地回答："因为你没有告诉我们可以这么做。"

还有一次，这位教师在准备晚餐时，发现酱油用尽了。当时家里正好有客人，菜肴不能马虎，于是她急忙吩咐女儿去买酱油。

不巧的是，那天杂货铺因盘点而停业，只在店外摆了个临时摊位。摊位上只有袋装酱油，并无瓶装出售。然而，因为母亲并未明确指示可以买袋装酱油，女孩犹豫不决，最终空手而归。

清醒点！你已经伤了孩子

在许多家长眼中，斥责似乎成为管教孩子的一种有效手段，他们认为这样可以让孩子更加顺从听话，因此常常强迫孩子遵循他们的意愿，否则就会以言语进行责备。

表面上看，受到斥责的孩子会迅速表现出服从，问题似乎已得到解决。然而，深入探究后会发现，孩子们只是在关注斥责带给自己的负面情绪，而很少去反思自身的错误行为。这样的斥责实际上削弱了孩子们自我教育和自我反思的能力。

在这种教育方式下成长的孩子，往往只知道遵循大人的指令，缺乏自己独立的主见和想法。他们既没有独立思考的能力，也缺乏判断力，更谈不上具备任何创造力。

更为严重的是，不恰当的斥责甚至有可能让孩子走向歧途。过度的管教和斥责可能引发孩子的反感和憎恨，这是非常危险且可悲的。但另一种危险同样存在，即孩子对斥责无动于衷，表面上不反抗，但内心并不服气。这种情况可能导致孩子产生逆反心理，你越责骂，他越要反其道而行之。

正确的教养方式

孩子出问题，父母的过度管束和严厉说教难辞其咎。父母渴望孩子向更优秀的同龄孩子看齐，希望孩子能够“出类拔萃”，更胜一筹。然而，他们对孩子的说教越重，剥夺孩子的自由就越多，这无疑是对孩子造成的一种难以察觉的伤害。

第一，说教时必须考虑孩子的感受

大人们常常误以为孩子年幼无知，却忽略了他们正处于成长阶段，对周遭环境有着自己独特的感知方式和情感偏好，他们同样渴望得到他人的理解与信任。唯有尊重孩子的人格，采用科学且民主的教育方式，方能培育出具备高度自尊心与责任感的人才。因此，在教育孩子时，务必注重场合与分寸，避免在公众场合训斥，更不应使用粗鲁或嘲讽的言辞。

第二，要让孩子明白，为什么要教训他

孩子由于年幼、经验不足、能力有限，难免会犯错。父母应客观评价，以理服人，并协助孩子分析错误根源，引导他们自我反思。在指出孩子的错误之后，父母要适时结束批评，把思考的空间留给孩子，让他反思自己的行为，寻找解决问题的办法。

第三，要让孩子明白，怎么做才是正确的

批评并非教育的终极目标，训斥也仅是一种手段。真正的目的在于引导孩子不再重蹈覆辙。因此，在训斥之余，父母更应耐心传授正确行事之道。最佳方式是给予暗示，激发孩子的思考与判断能力，鼓励他们通过自身努力改进提升。

如何做到既有亲切感，又能保证威严感

管教的目标并非为了“战胜”孩子，而是要“赢得”他们的心。而要赢得孩子的心，家长应该表现出“威而不怒”的态度。身为家长，应该避免成为那种只会发怒却无威信的人，而努力成为有威严却不轻易动怒的引导者。

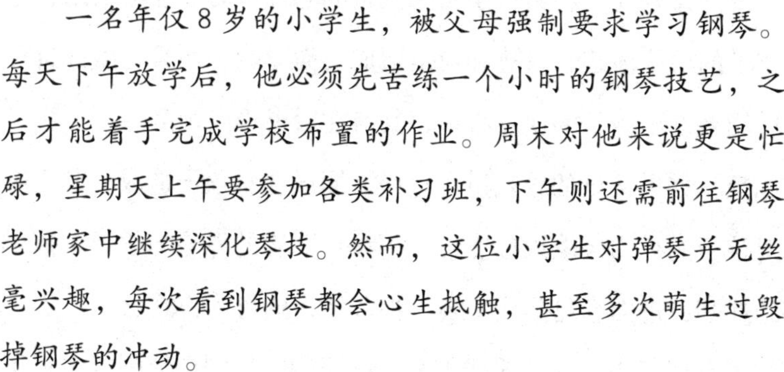

原生家庭档案

一名年仅 8 岁的小学生，被父母强制要求学习钢琴。每天下午放学后，他必须先苦练一个小时的钢琴技艺，之后才能着手完成学校布置的作业。周末对他来说更是忙碌，星期天上午要参加各类补习班，下午则还需前往钢琴老师家中继续深化琴技。然而，这位小学生对弹琴并无丝毫兴趣，每次看到钢琴都会心生抵触，甚至多次萌生过毁掉钢琴的冲动。

他屡次表达反抗：“我不想弹琴，我不想学。就算你把我打死，我也弹不好！”但是，他的父母对孩子的抵触情

绪和兴趣缺失视而不见，坚决要求他继续学习："你已经学了两年了，我们为你投入了大量的金钱和精力，你应该要有出息，必须把钢琴学好！以后每天不弹熟练习曲，就别想出去玩！"

面对如此巨大的压力，孩子感到束手无策。为了彻底打消父母让他继续学琴的念头，某一天放学后，趁家中没人，他就偷偷把钢琴给弄坏了。

清醒点！你已经伤了孩子

在孩子的成长过程中，父母的管教方式起着举足轻重的作用。然而，如何恰当地进行管教，既不过于苛刻也不过于放任，是一个需要细致把握的问题。

严厉的管教往往会给孩子带来沉重的心理压力和焦虑情绪，这可能会对孩子的情绪稳定、自尊和自信造成负面影响。而且过度的批评与惩处有可能激发出孩子的逆反心理，其潜在后果难以预测。

相反，如果父母的管教过于宽松，同样会对孩子造成不利影响。若父母对孩子的行为采取放任态度，不设定明确的界限与规矩，孩子可能会感到迷茫，进而容易形成不良习惯和错误的行为方式。

孩子良好行为习惯的养成需要清晰明确的规则和界限，家长可以通过坚定的态度和行为来展现威严，规定不可逾越的底线。父母的正确引导和监督则有助于他们形成健康的价值观和行为标准。

正确的教养方式

孩子成长的0~13岁这十几年，是塑造其世界观、人生观和价值观以及性格定型的关键阶段，这段时期可视作父母教育孩子的“黄金时期”。在此期间，父母的指导和引领将对孩子的未来发展产生重要影响。

因此，父母需要在这个阶段精心扮演好三个重要角色。这三个角色对孩子的影响力是深远且长久的，可能会伴随孩子的一生。一旦错过这个阶段，我们再找机会改变孩子的不良行为，难度就要大很多了。

第一，3岁以前，做好友爱的守护者

0~3岁是孩子建立深厚依恋关系的核心时期，这种依恋关系是他们安全感和归属感的重要源泉。这一时期，若父母能够扮演好守护者的角色，那么将不仅有助于加深亲子关系，更能为孩子提供充足的安全感。这样的孩子在未来面对困难和挫折时，将拥有更多的勇气和更稳定的心态。

第二，3~6岁，扮演亲切的引导者

当孩子成长到6、7岁时，他们正处于三观建立的重要阶段。因此，父母应在此之前为他们设定明确的规矩和行为准则。父母需要扮演好“引导者”的角色，明确指出孩子们哪些行为是适宜的，哪些是不被接受的，并及时纠正他们的不良行为，以防他们未来误入歧途。

同时，父母也需以身作则，成为孩子们的榜样，让他们在日常生活

中能够有所学习和效仿。在教育孩子的过程中，父母双方应保持一致的立场和标准，避免出现“双重标准”的情况，以免让孩子们感到困惑，不知道应该以谁为行为参照。

第三，6~13岁，充当正义的威信者

在这一阶段，孩子已经开始上小学，进入了儿童心理发展的“道德判断期”，这表明他们已经具备了辨别是非的能力，且其世界观、人生观和价值观的初步框架已经搭建完成。在此期间，父母需要树立起自己的威信，在孩子面前建立起权威形象，开始向他们阐释道理，讲述不良行为的潜在危害。一旦发现孩子的行为有误，应立即指出并给予适当的惩罚，绝不姑息。

当孩子步入青春期后，父母的威信可能会逐渐减弱。这时，父母应学会与孩子建立友谊，尊重他们的意见和想法，避免独断专行。这样做不仅能提升父母在孩子心中的好感度，还能通过迂回的方式引导孩子走上正确的人生道路。

情绪失控，口不择言，伤了孩子，怎么办？

良言一句暖三冬，恶语伤人夏亦寒。实际上，不论是对待孩子还是伴侣，对我们最亲近之人施以言语上的伤害，都是一种深重的残忍。遗憾的是，许多人常常在无意中这样做，从而将最亲密的人渐渐推离自己。

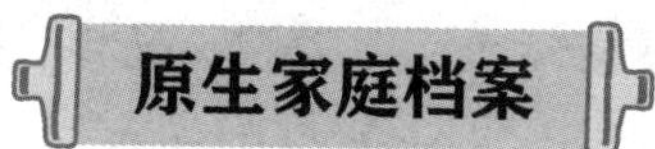

原生家庭档案

奇奇的学习成绩平平，这次数学考试仅得了 69 分。当成绩单落到妈妈手中时，她的脸色骤然凝重，随即对儿子责备道："考成这样，你未来的路怎么走？""还想当科学家？怕是只能在科学院门口站岗吧！""再考这样的分数，家门都不用进了，真是个没用的孩子！"

奇奇刚读完《哈姆雷特》，忍不住兴奋地叫出声。

"奇奇，你又在大呼小叫什么？"爸爸严厉地对着他喊道。

"爸爸，我读完了这本好书。"奇奇回应，眼中带着

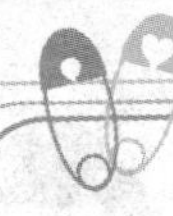

期待。

“读完书就大呼小叫？这样很不礼貌！”爸爸很不客气地批评道。

“但这是莎士比亚的作品啊，很难懂的。”奇奇小声辩解，似乎希望得到父亲的一点认可。

可能是奇奇的性格与爸爸不合，也可能是爸爸觉得需要压制一下儿子的骄傲，他突然发怒：“嚷嚷什么？你以为自己很了不起吗？我看你就是太自负了。”

“爸爸，我哪里做错了吗？”被责备的奇奇，带着委屈问道。

“你做错了什么还要来问我？”爸爸的训斥更加严厉，“别再自以为是了。我不想再听到你自夸的声音，你这是在自欺欺人。”

话落，爸爸重重地关上了房门，发出“砰”的一声巨响。

站在门外的奇奇，心中充满了委屈，泪水不禁滑落。他无法理解，为何父母会如此对待他。一种深深的挫败感笼罩了他，原本的快乐与自信消失无踪，取而代之的是深深的自我怀疑与自卑：难道我真的是个一无是处的孩子吗？

自那以后，奇奇对读书失去了兴趣，他仿佛变了一个人。

面对儿子的变化，奇奇的父母忧心忡忡地找到老师，急切地说：“老师，求您帮我们管教一下孩子吧！他怎么变得这么不上进，不仅说谎、逃课，还不听话。我们从未见过如此顽劣的孩子，这样下去，我们的未来还有什么希望可言啊！”

清醒点！你已经伤了孩子

许多人误以为孩子天真无邪，对于伤害性的话语会轻易忘怀，对其影响不大。然而，事实远非如此。孩子的内心一旦受伤，其恢复难度往往超过成人，因为他们的自我调节机制尚未成熟。这种情况极易导致亲子关系的疏离，并对孩子造成日益加深的负面影响。

有些家长会辩解说："我虽然说话直，但其实心里都是为了孩子好。"

然而，这实则是借关爱孩子之名，行言语伤害之实。

世间并无真正的"刀子嘴，豆腐心"，尖锐的言语背后往往隐藏着冷硬的心。语言的破坏力远超想象，恶言一旦出口，便难有挽回之地。

更糟糕的是，对于孩子而言，他们常常无法区分真实与戏言，他们会深信成人说的关于自己的每一句话，并将这些话内化为自己的信念。

因此，来自家长持续的责备只会不断削弱他们的自信，让他们在不安中成长，这对他们的成长毫无助益。

正确的教养方式

家是爱的避风港。在这个温馨的空间里，我们应该把最美好的情感留给最挚爱的人。对待孩子应多一份鼓励，少一份苛责。一个温暖幸福的家庭，往往源于和睦的交流与沟通。

第一，批评要明是非

父母在责备孩子之前，必须先深入了解事件的起因和经过，避免盲目地批评，不容孩子分辩。因为沉默中的孩子，要么在压抑中积蓄反抗，要么在沉默中受伤。

第二，时刻检视自己的行为

父母要常怀自省之心，并通过观察孩子的反馈，洞悉自身存在的优点与瑕疵，从而做出及时的调整与改进。只有谦逊并勇于自我批评的父母，才能培育出虚怀若谷、持续进取的孩子。

第三，勇于向孩子道歉

当认识到自身的过失时，应主动向孩子坦承并真诚表达歉意。这样做，不仅能让孩子体会到母亲的尊重与平等，更能为孩子立下典范，教会他们坦诚面对错误，勇于担责。这一点，对亲子关系的和谐发展至关重要。

做有边界感的父母，给孩子过好一生的能力

分清楚什么是你该管的，什么是不该管的

过度包办的父母，无形中剥夺了孩子实践和成长的机会，导致他们无法培养自我照顾的能力。许多本应熟练掌握的生活技能，由于父母的过分插手，孩子们始终无法得心应手。父母的这番苦心，孕育出了人们口中不成熟的“巨婴”。

原生家庭档案

小雨十岁了，马上要去参加学校组织的夏令营活动，她满怀期待，欢呼雀跃。然而，小雨妈妈却忧心忡忡，她担心这样的挑战对年幼的小雨来说过于艰巨。

“一个才十岁的孩子，就要离家五天，独自承担起生活的重担？”妈妈自言自语，忧虑重重——孩子吃不习惯夏令营的饭怎么办？孩子体力不支怎么办？要是生病了又如何是好？

出于这些担忧，妈妈联系了小雨的班主任，恳请她对小雨多加关照。她还嘱咐爸爸为小雨精心准备了几套衣物，包

括帽子和手套，以防夜间气温骤降使孩子受寒。此外，妈妈还在小雨的行李中塞入了一些珍贵的营养品，反复提醒她不要饿肚子。

小雨临行前，妈妈又一遍又一遍不停地嘱咐，似乎总有说不完的话，可小雨却非常不耐烦。

小雨离开后，妈妈坐在沙发上发呆了好久，一遍又一遍地独自重复：“这么小的孩子，该怎么照顾自己呢？”

终于，两天后，放心不下的妈妈驾车来到了夏令营，她要去帮一帮孩子……

清醒点！你已经伤了孩子

有个流行词叫“直升机父母”，是说一些父母如同直升机一般，整天盘旋在孩子的上空，时刻监控着孩子的一举一动。这种过度的保护和限制，使得孩子失去了自由成长的空间，既不利于他们独立性的培养，也严重阻碍了他们的社会性发展。

如果父母不能警醒，把孩子当作宠物来养，或许会让孩子沉醉于这种无微不至的关爱之中，无须动脑筋，无须独立面对问题，因为总有人帮忙承担，总有人帮忙解决。

然而，孩子和父母一样，都是具有独立思维和人格的人，而人作为社会性动物，只有融入社会才能实现自己的价值。一个总是依赖父母成长的人，永远都无法真正学会独立地面对社会，更无法独自将自己的生活打理好，最终，他可能会失去作为一个独立的人的意义。

从这个角度来看，父母那种看似无微不至的爱，其实是一种无形的伤害。

正确的教养方式

孩子终将长大，需要独立生活。独立不仅是人的基本素质，更是至关重要的能力。父母应当将孩子视为一个独立的个体。很多时候，并非孩子不愿独立，而是家长不愿放手。父母需要多给孩子一些机会，多给予他们信任和鼓励，学会真正放手。这样孩子才能变得更加优秀，飞得更高更远。

第一，孩子独立做事时，家长不要管

孩子独立完成任务，实际上对他们的主动性、思考力和意志力等诸多方面都有所助益，并且能够增强他们的自信心。父母若过度介入，代替他们完成，实则是妨碍了他们的成长。而且，父母即便不直接协助，仅仅是频繁地询问，也可能给孩子带来不信任的感受。因此，当孩子独自做事时，家长应避免过多干涉。

第二，孩子专注于某事时，家长不要管

许多家长都有一种习惯，无论孩子在做什么，用餐时间一到就催促孩子吃饭，到睡觉时就要求孩子立刻就寝，甚至不考虑孩子是否疲倦，就坚持让他们去午睡。虽然父母这样做确实是为了培养孩子良好的生活习惯，但在某些特殊情况下，可以稍作变通。例如，当孩子全神贯注地

投入某项活动时。

专注力的好坏，是孩子们成长过程中拉开差距的一个重要因素。小时候就能集中注意力的孩子，在学习或工作上往往效率更高。相反，专注力不足的孩子，在学习和工作上可能付出更多努力却收获有限，进步速度也相对较慢。因此，当孩子专心致志地做事时，父母应避免打扰，让他们在兴趣的驱使下，自然而然地提升专注力。

第三，孩子能够自己承担的后果，家长不要管

无论是犯了小错，还是在学业上碰到难题，又或是在学校与同学间的小纷争，这些问题实际上孩子都有能力自己面对和解决。这个自我承担的过程，能有效提升孩子的意志力、抗压能力以及解决问题的能力。所以，父母不应事事都为孩子出头，这样做反而不利于孩子的成长。

适当的操心是爱，过度的操心有害

自孩子诞生的那一刻起，父母就应该明白，他们的责任不是照顾孩子一生，而是确保孩子的基本生活需求得到满足，并为其提供良好的教育基础。过度为孩子操心，可能会成为孩子人生道路上的沉重枷锁，成为他们最难以翻越的山峰。

原生家庭档案

雯雯妈妈近来患上了轻度焦虑症，她向来家中做客的小姑子倾诉自己的烦恼：

“小悠，你瞧瞧我，浙江大学毕业，原本也想做一个职场精英，成为一名精致女性。但自从雯雯出生后，我总觉得将她托付给任何人照顾都不放心，就辞职做了一名全职妈妈。

“自从有了雯雯，睡个安稳觉都成了奢侈。每次她一哭，我的心便紧紧地揪起来了。她安静时，我又会陷入各种担忧，心想她是不是生病了？好不容易盼到雯雯上学，又患

上了‘开学综合征’，总是忧虑她在学校午饭是否吃得惯，更担心她的学习成绩和同学关系。

“每次雯雯考试，我都会陷入漫长的紧张与期待中。每当她进行体检或视力检查时，我总是手心冒汗，担忧不已。

“现在，我的脑子里每天都是孩子将来可能遇到的各种困境，我觉得自己的精神状态好像出现问题了。”

然而，夜里，雯雯却向姑姑说出了另一番话：

“姑姑，你知道吗？我已经十六岁了！但妈妈仍然每天都在为我的各种事情操心。她总是追问我在学校的一切，与男生关系好一点都不行，她甚至还不时地向老师求证！

“翻我书包、作业和手机，已经成了她的例行公事。最让我难以忍受的是，妈妈什么事情都要插手管！比如，和同学逛街时不能喝奶茶、吃饭时不能点外卖、不能与某些朋友交往……这让我感到窒息！

“为了逃离这种束缚，我高中选择住校生活，并在微信上屏蔽了妈妈。当我有烦恼时，我更愿意向朋友倾诉；即使遇到困难，我也不愿意向家里寻求帮助。每天我都在想，如何应对妈妈，根本没有心思专心学习。”

清醒点！你已经伤了孩子

有人感到疑惑：为什么付出越多，孩子越自私？

有人直截了当：就因为付出过多，孩子才反感。

那些过度付出的父母，其实是试图在情感层面主宰孩子，而所谓的过度的关心，往往只是对其占有欲的掩饰。

投入愈多，期望便愈高。为了达成这些期望，父母们会在无意中将爱转变为操纵。

这时，孩子们往往会走向两种极端：一种是舍弃自身的独立个性，变得消极被动；另一种则是变得极为叛逆，故意与父母对着干。

适度的关心是爱的展现，而过度的关心则具有破坏性。

孩子们宛如稚嫩的树苗，唯有在有阳光雨露、空气清新、不受束缚的自由开放环境中，才能茁壮成长。倘若家长监视得过紧，保护得过于严密，孩子们便会失去呼吸的空间，更遑论自由地成长了。

正确的教养方式

孩子不吃饭，父母牵肠挂肚；作业写不好，父母忧心忡忡；出去玩几个小时没回家，父母也是心急如焚。从小到大，孩子的一切都让父母操心不已。这种过度的关心容易让孩子形成一种思维定势：反正我做什么，父母都会帮我兜底，有他们在，我就什么都不用操心。久而久之，孩子就容易变得过分依赖父母，长大后也可能时刻惦记着父母的房子和退休金，成为家庭的沉重负担。

父母应时常反思自己的教育方式，一旦发现教育中的不足，就要立即进行纠正。

第一，孩子能力所及的问题少操心

教育心理学研究显示，自律是通往成功的核心要素。它既是孩子学业取得成功的基石，也是他们未来应对社会复杂挑战的重要工具。因此，对于孩子能够独立完成的任务，家长不妨放宽心，少些操劳。过度干预可能会阻碍孩子自律和自理能力的发展，最终得不偿失。

第二，孩子学习过程少操心

千万别时刻盯着孩子，一笔一画写错了就急着提醒，一走神也立刻指出，这种做法只会压制孩子的自主学习能力，使孩子无法集中精力，变得越来越不专注，越来越拖延。父母要放手，别插手孩子的解题过程，让他们自己去摸索、去解决问题。这样一来，孩子们不仅学到了知识，更重要的是，他们学会了怎么面对错误，怎么自我提升，这可是比单纯学习知识更宝贵的财富！

第三，同学关系少操心

一旦发现校园霸凌的蛛丝马迹，家长们务必迅速行动起来，给予孩子温暖的安慰，坚定地站在他们身边，成为他们最坚实的后盾。然而，对于孩子们之间正常的交往互动，家长还是尽量少插手为好。特别是小学阶段，正是孩子们锻炼社交技巧、学习如何与人相处的黄金时期。即使他们偶尔和同学之间闹些小矛盾，也不必过于担心，因为孩子们之间往往不会记仇，很快就能冰释前嫌、和好如初。在这个阶段锻炼出来的社交能力，将成为孩子们进入中学后的宝贵经验。

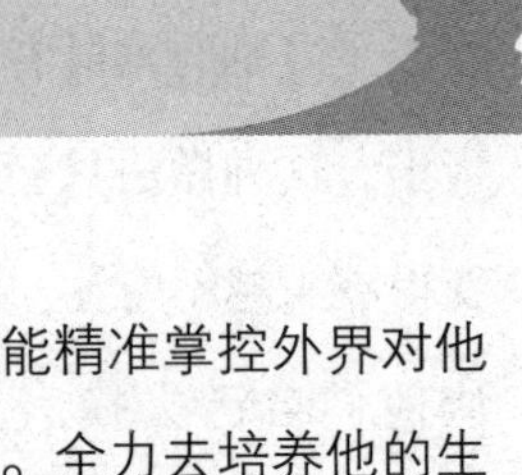

孩子有 20% 的把握，我们就不要介入

你能陪伴孩子走过他一生的每一个瞬间吗？你能精准掌控外界对他的一切影响吗？如果不能，就别再过度为孩子代劳。全力去培养他的生存能力，唤醒他内心的驱动力，顺应孩子的成长节奏，逐步与他分离。最终你见证的，将是一个优秀自我的诞生。

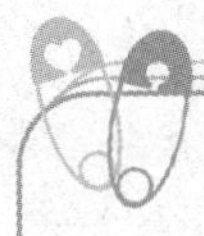

原生家庭档案

男孩家在农村，因为是家中独子，三代单传，自幼便是全家人的宠儿。小时候，他虽有想自己动手做事的冲动，但每每此时，妈妈总会温柔地说："宝贝还小，这些事情交给妈妈处理。"

这样的成长环境，宛如一个甜蜜的温室，让男孩逐渐形成了懒散而又任性的性格。无论他做什么都很难保持专注力，甚至连走路都不认真走，时常跌进路边的排水渠，然后哭哭咧咧地回到家中向父母抱怨、撒娇，这样的状态，很是

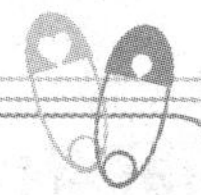

让望子成龙的父母焦心。

长大一点后，孩子想帮父母做家务，妈妈却总以孩子学习重要为由，连忙阻止："你好好学习就可以了，这些事情不用你管。"长此以往，孩子渐渐形成了对妈妈的全面依赖，甚至学习用品也要妈妈代为整理。

某一天，孩子的父亲手持铲子，前往儿子每日上学必经的田间小径，沿途断断续续地挖掘了近十个浅坑，随后在上面用木板搭建起一座座简易的小桥，唯有谨慎行走方能安全通过。当日傍晚，男孩放学，眼前突然出现的众多小桥让他惊慌失措，一时之间不知如何是好。他环顾四周，空无一人，即便哭得再大声也没有人来帮忙。没有办法，他只能壮胆前行。背着书包的他，虽心怀恐惧，却摇摇晃晃地成功穿越了每一座小桥，心中涌起一股前所未有的成就感，这是他首次没有落泪。

回到家中，儿子兴奋地与父亲分享了自己今日穿越小桥的经历，脸上洋溢着自豪。父亲坐在一旁，对他的勇敢赞不绝口。

妻子埋怨丈夫，不帮孩子反而给孩子设置困难，丈夫却说："如果他走的路太平坦了，他会一直漫不经心，以后会跌得更严重；如果路途坎坷，他必须提起精神，谨慎行走，靠自己的能力迈过一道道坎，以后的路，他才能走得平稳。"

清醒点！你已经伤了孩子

控制型家长倾向于介入孩子的一切日常生活，这意味着孩子的各种生活状态始终都处于他们的密切关注之下，孩子的每一个行为、每一丝动静都紧紧牵动着他们的心。他们将此视为深情的爱护。然而，他们未曾意识到，这样的做法对孩子的成长造成了极大的阻碍。

通过自身的努力去换取成功，这是孩子获得自信的黄金途径。然而，家长的过度帮扶却使孩子失望地发现，自己的努力尚未展现，胜利的果实就已被父母提前摘取并放在面前，这份成功便失去了它应有的味道。孩子心中不禁泛起涟漪：“我怎么能证明我自己？我真的行吗？要不还是算了吧！”孩子的依赖性，由此变得越来越重。

插手孩子的事务，实质上就是对教育界限的侵犯，是一种过分的宠爱与操控。它不仅会削弱孩子的自信心与能力，还会导致孩子在心理与行为上产生双重依赖性。

其实，孩子的承受能力和解决问题能力，远比我们想象的要强。所以只要孩子没有发生危险的风险，哪怕他只有20%的把握独自解决问题，父母就应该放手，让孩子独自去完成。家长越能克制插手帮忙的冲动，孩子就越有能力发展自己。

正确的教养方式

倘若孩子被父母过度保护，剥夺了实践和锻炼的机会，那么他们的能力发展将受到阻碍。父母的事事包办，实际是在剥夺孩子学习自理能力的机会。

第一，不要用“病态共生”纠缠孩子

孩子是一个独立的个体，应该拥有属于自己的人生历练。因此，学会放手，允许孩子在成长的过程中犯错、受挫、吃苦，结束那种亲子关系中过度依赖的“病态共生”状态，才能让父母和孩子都获得真正的成长。

第二，从始至终都要培养孩子的独立人格

无论是“妈宝男”还是“巨婴”，其共同问题在于——他们在成长过程中没有形成独立的个人意志。成长是一个由混沌逐渐走向成熟的过程。作为父母，应该尊重孩子的想法，鼓励他们勇敢尝试，从而助力他们在精神上实现独立。

第三，交还主动权，培养孩子自主解决问题的能力

当孩子与别人发生争执时，父母不必急于介入调解，而应引导他们学会自行处理；当孩子成绩不佳时，父母无须急于安排补习，而应教会他们如何反思并在反思中寻求进步；当孩子对阅读缺乏兴趣时，父母不要硬塞书本给他们，而应陪他们一起读书，帮助他们发现阅读的乐趣。明智的父母深知，过度的担忧往往无助于孩子的成长；相反，适当地放手会让孩子激发出更多的主动性与积极性。

有边界的选择权：你是……还是……

家长为孩子规划未来之路的初衷并无不妥，然而，孩子也应享有选择不同路径的自由。倘若孩子的人生选择权被剥夺，便如同一只被父母紧握手中的风筝，无法高飞，所有的抗争皆成徒劳。我们可以想见，孩子内心深处因此而承受的压抑与苦闷何其深重。

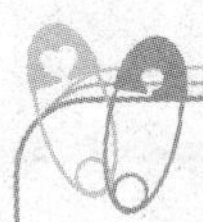

原生家庭档案

几年前，一则北大留美硕士王猛（化名）控诉父母“控制与伤害”的万字长文，引发全网讨论。在那封“控诉书”中，他这样写道：

我希望能听从老师的建议穿短裤，母亲却坚决反对；

我对奥数抱有浓厚兴趣，他们却阻挠我参加相关的课程和竞赛；

我所结交的朋友，都必须经过父母的三代审查；

我渴望到外地求学，却被父母断然拒绝；

我不愿与不喜欢的亲戚或父母的朋友交往，但父母却要

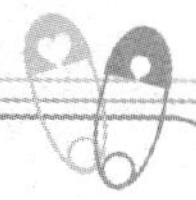

求我要学会“外圆内方”；

进入大学后，父母又通过亲戚对我进行另一种形式的控制……

在父母眼中，这些或许都是出于“爱”的细微之举，然而对王猛来说，这却是对他人生长达30年的肆意操纵和安排。

这种密不透风的爱让他感到窒息，甚至因此导致他出现社交障碍。他努力想与自己和解，乃至要通过学习心理学来排解内心的压抑。这也就不难理解，为何他会连续12年春节不回家，并将父母拉黑长达6年之久。不得不说，王猛的父母确实有需要反思的地方。这也给其他父母敲响了警钟。

事实上，对孩子而言，能够拥有自主选择的人生，才是真正的幸福。

古慧晶便是一个幸福的孩子。因为自幼便对汽油味和汽车的轰鸣声特别感兴趣，初中毕业以后，她决定报考深圳二职的汽车运用与维修专业。

家人最初对此表示不理解，认为女孩从事汽修工作不够体面。古慧晶坚定地对父母说：“爸爸妈妈，这是我的热爱，它能带给我快乐。”

看到女儿的执着，古慧晶的父母还是放弃了自己的立场，但同时也提醒女儿：“既然你做了选择，就要承担后果，要对自己负责，不能在遇到困难时轻易放弃或抱怨。”

在父母的鼓励和支持下，古慧晶靠着浓厚兴趣、好学钻研，坚定地追求自己的梦想。2021年，在天分与努力的

加持下，古慧晶在常常是男生摘金夺银的汽修比赛中，荣获广东省职业院校技能大赛中职组汽车机电与维修赛一等奖，成为全省第一个参加此类赛事并成功夺冠的女生，还刷新了学校的历史记录。

多才多艺的她，还曾获得2020年广东省校园摄影大赛二等奖，并且还成为荣获2020—2021学年度国家奖学金的100名优秀代表之一。

清醒点！你已经伤了孩子

被剥夺选择权的孩子，往往容易丧失自主选择的能力。

在众多家庭中，一个极常见的现象是，父母在大小事务上都拥有最终决定权，孩子甚至连表达意见的机会都没有。每当孩子提出异议，父母总会以固有的一套说辞来搪塞：

“小孩子懂什么？我们这么做都是为了你好！”

“如果你不听我的，以后一定会后悔！难道我会害你吗？”

尽管父母都爱自己的孩子，但这种忽视孩子想法和需求的爱，却让孩子难以感受到来自父母的尊重。长此以往，孩子不仅会心情苦闷，其性格也会受到不良影响。

面对强势的父母，孩子可能会从最初的反抗和争辩，逐渐转变为妥协、顺从甚至依赖。每当面临决策时，他们都会感到茫然无措。

无论是选择明天穿什么衣服、周末是否参加同学的生日会，还是在加入文学社还是广播社、是否报名参加数学竞赛等重大问题上，他们都会向父母求助：“爸、妈，你们帮我选吧。”

在应该培养孩子独立见解的阶段，如果父母包办了一切，吝啬给予孩子做选择的机会，甚至打压和嘲笑孩子的想法，那么最终父母可能会头疼不已地发现：这孩子怎么没有一点主见？

正确的教养方式

所谓完美人生，就是在人生的每一个阶段，都能保持最大的选择自由度。为人父母者，需学会释放控制权，让孩子自主把握人生方向。尽管父母的内心或许充满忧虑，但应该深信孩子们的天赋与才智，为他们提供足够的成长空间与自由。

第一，多给孩子一些自主选择的机会

心理学家指出，当孩子们能够自主抉择时，他们会更加内化自己的行为准则，对自己的选择负起更深的责任，从而更有效地达成目标。在日常生活中，父母应该更多地让孩子自主决策，例如，晚餐想吃米饭还是喝粥？动画片想多看五分钟还是十分钟？给予孩子更多的选择权，就减少了他们的压迫感，增强了自主性和参与感。这会让孩子的承担力越发强大。

第二，多给孩子一些尝试的机会

心理学中有一个概念叫“自我效能感”，它反映了一个人对自己能

否完成某项任务的预判。这与一个人对自己技能运用的自信度息息相关。对孩子而言，每一次重大的尝试都至关重要。尝试过程中，孩子需要全方位地调动自己的身体、思维和意志，这将极大地提升他们的自我效能感。因此，父母应鼓励孩子勇敢尝试，避免打击，为他们创造更多的成长机遇。

第三，一定要有正确的引导态度

在孩子对自己及周围世界认知尚不成熟时，父母的责任是提供指导，协助他们分析问题、权衡利弊，并找到最佳方案。这有助于孩子培养批判性思维和解决问题的能力。但达到这一点关键在于正确的方法，父母真正的助力在于恰当的引导，而非替孩子做决定。

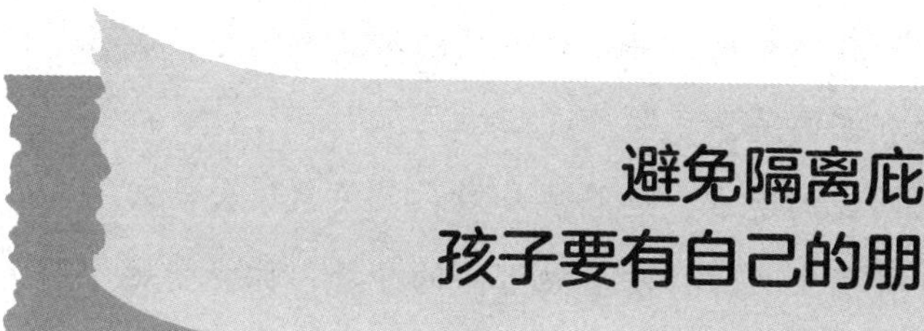

避免隔离庇护，孩子要有自己的朋友圈

相较于将孩子出现不良行为的责任归咎于外面所谓的“坏孩子”，并试图将孩子与一切负面因素隔绝，父母更应该教导孩子如何去鉴别不良行为并应对消极影响。更重要的是，父母应该协助孩子确立明确的规则和边界，培养他们形成积极的交友观念和健康的社交方式。

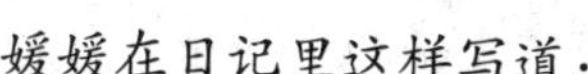

原生家庭档案

媛媛在日记里这样写道：

今天，妈妈出席了我们班的家长会。

回家后，她立刻递给我一个小本子，上面详尽地记录了我这次考试的成绩与名次，甚至还列出了班级前十名的学生与他们的分数。我翻看时，突然瞥见了好姐妹刘雅的名字，被用红笔刺眼地标注在倒数第一的位置。

我心中生疑，妈妈为何要特别记下她？我还没有询问，妈妈就“义正词严”地说道：“好好看看你那位所谓好姐妹的分数，考试成绩这么差，你怎么还整天和这种人混在一起？”

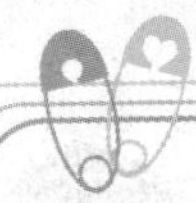

我瞬间明白了妈妈的用意，却感到一阵莫名的不适，我反驳道：“刘雅的成绩不好，并不代表她的人品有问题，成绩好坏与友情没有任何关系。”

妈妈并不认同我的观点，她坚决反对：“关系很大，我绝不允许你和这种差生交往！看看她可怜的分数，你会受她影响的！”妈妈的声音越来越大。

听到妈妈这样说我的朋友，我必须为刘雅辩护：“我不会被她影响的！刘雅不是坏孩子，虽然成绩不好，但她人很善良，她是我最要好的知心朋友。”

我和妈妈之间的争论愈演愈烈，双方各执己见，互不相让。我感到十分委屈，更为刘雅感到不公平。当意识到无法与妈妈达成共识，我便不再说话了，径直回到自己的房间，紧紧锁上了门。

我躺在床上，看着我和刘雅的合照：照片中的我们，像亲姐妹一样紧紧相拥，笑容甜蜜。

我真的无法理解妈妈，我说不上恨她，但她的行为真的令我非常讨厌。

清醒点！你已经伤了孩子

父母总是希望孩子能够与那些出类拔萃的孩子为伍，远离那些身上有瑕疵的孩子。但是他们常常忽略了，跟优秀的孩子在一起或许会产生并不平等的友谊，让他们感到自卑和压抑。孩子在成长的道路上，需要学习的东西繁多且复杂，而学习的方式亦是五花八门。他们需要从一些人身上汲取美好的品质，也需要从另一些人身上观察到负面的特质，以此作为成长的养分。

父母这种越俎代庖的行为，很可能扭曲孩子对交友的认知，削弱他们辨别朋友好坏的能力，进而对他们未来的社交能力构成严重障碍。

在家长的强制干涉下，孩子们可能会走向两个极端：一方面，他们可能逐渐丧失正常的人际交往能力，变得自卑、胆怯、孤独；另一方面，为了反抗父母的束缚，他们可能故意与问题少年交往，以此伸张自己的独立性和交友自由。

不论孩子走向哪个极端，其根本原因都是父母的过度干涉，这不仅扰乱了孩子的人际关系，还导致孩子与父母的关系日益疏远。

事实上，父母虽能陪伴孩子一程，却无法守护他们一生。然而，孩子所学到的人际交往技巧却会使他们终生受益。孩子们渴望的是一个自由、多元且完整的成长环境，他们通过观察他人来认识自我，通过体验不同的社交场景来寻找自己的定位。

若父母过度限制孩子的交友自由，将他们"圈养"在狭小的社交圈内，不仅会引发孩子的反感和叛逆，还会加深他们的孤独感，甚至可能扼杀他们探索世界的热情，阻碍他们全面体验社会的多彩与人性的复杂。

正确的教养方式

父母应赋予孩子自主选择朋友的权利，减少过度干涉，以促进其提升人际交往能力。在孩子交友的问题上，父母应保持开放的心态，减少不必要的介入，增加决策的民主性。因为从某种角度看，孩子所交的每一位朋友，都是他人生旅程中的宝贵经历和财富。

第一，听听孩子对朋友的看法

孩子既然选择这个朋友，必然有他的道理，作为父母，为何不能聆听他们的心声呢？或许，是父母的主观臆断造成了误解，又或者，父母所见的只是“冰山一角”。毕竟，每个孩子都独具特色，各有优缺点。

第二，不要给孩子的朋友轻易定性

不要在孩子面前轻率地评价他的朋友，也不要贬低学业成绩不好或行为举止不端的孩子或冠以“坏孩子”的标签，这样会伤害孩子的感情，并可能使他养成对人“另眼相看”的不良习惯。长此以往，孩子渐渐也就没朋友了。

第三，引导交友而不是强行拆散

即便孩子的朋友确实存在明显不足，父母也不应该简单粗暴地阻止。更明智的做法是，与孩子认真聊一聊，用具体的事例或者措辞告诉孩子，如何看待同学的优缺点，并适时适当地表达大人的观点，以消除潜在的负面影响。

chapter 06

有爱又有效的陪伴，成为自己和孩子的内在滋养者

允许孩子犯错，而不是把错误全部推给孩子

父母没有理由要求孩子完美，因为孩子从来没有要求父母完美。每个孩子都会犯错，就像父母也会犯错一样。当孩子做错事时，父母应该与他们共同承担，一起寻找正确的解决方案，而不是打骂呵斥，将全部责任归咎于孩子。

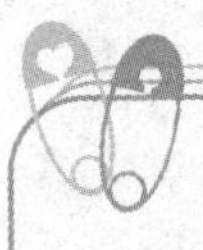

原生家庭档案

妍妍一直是爸爸妈妈的骄傲。还在上幼儿园的时候，每当有叔叔阿姨去他们家做客，一进门就能注意到他们家最显眼的位置贴着一大张密密麻麻写满字的纸。

这时，妍妍的爸妈总是满脸得意地向客人介绍："这是我们给闺女列的88条不允许犯的错误清单。"清单上详尽列出了各种规定，比如，不许大声喧哗，不许随意蹦跳，不许损坏物品，考试成绩不许低于95分……为了确保妍妍时刻铭记这些"规矩"，他们每天都会在睡前为女儿朗读三遍，并要求她反思当天是否违反了任何一条。

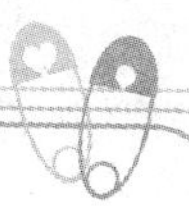

暑假的一天，妈妈去隔壁房间准备饭菜，便嘱咐正上小学的妍妍帮忙照看店铺。

在妍妍看店期间，有位大叔前来购买香烟。然而，妈妈回来一经询问，才发现那位大叔以硬壳香烟的价格买走了某品牌的软壳香烟，少付了十元钱。

妈妈顿时怒火中烧，对妍妍大声斥责："谁允许你擅自做主的，连一个小店都看不住！"

愤怒的妈妈想到了去查看店里的监控录像。然而，那位买烟的大叔当时戴着一顶安全帽，使得他的面容模糊不清，无法辨认。

妈妈把所有的气都撒在了妍妍身上，转身对着正在抽泣的妍妍更加严厉地责骂起来。她的声音之大，甚至吸引了不少小区居民们前来围观。

妈妈的斥责声愈响亮，妍妍的头就越低，她双眼紧盯着地面，默默地流着眼泪。

自那以后，小区的邻居们再见到妍妍时，都明显感觉到她变得更为沉默和胆怯了，似乎在故意躲着大家。小区里的学生家长说，妍妍在学校里也因为性格软弱而常常受到欺负。

清醒点！你已经伤了孩子

对孩子来说，或许没有比被父母不遗余力地要求提供给孩子一个"完美"的童年更糟糕的事情了。

孩子的成长总是伴随着曲折和摸索，这正是他们成长的必经之路。家长对孩子“完美”的期望，往往只是一种一厢情愿的控制欲，对孩子而言，这无疑是一种巨大的压力。

孩子犯错时，其实他们的心里已然出现了惊慌和不安。这时，如果父母仍然简单粗暴地批评、斥责，不仅会破坏孩子的安全感，还会让他们感到被孤立和被抛弃。

然而控制型家长们对此却往往自我感觉良好，要求孩子按照自己的意愿来，认为自己刚刚给孩子上了一堂非常正确的价值观教育课。

事实上，控制型父母面对孩子的错误时，嘴上说着“我们每个人都要承担自己的责任，做错事就要自己承担后果”，但实际上，他们并没有承担起“作为家长与孩子一起面对问题的责任”。他们第一时间就把全部责任推给了那个懵懂无助的孩子。

如果孩子长期在这样的环境中成长，当他们发现自己怎么做都不可能达到父母想要的样子时，在面对错误时就无法形成正确的认识。这样的环境会导致孩子的性格变得唯唯诺诺，缺乏挑战困难的勇气，变得胆小、自卑。

正确的教养方式

孩子的成长是一个螺旋式上升的过程，他们需要通过不断的模仿与试错，来探索前行的道路。当父母以友善、坚定且充满尊重的态度来对待犯错的孩子，并与他们一同面对和承担责任时，这些错误就能转化为助孩子成长的宝贵经验。

第一，向孩子传达无条件的爱

在家庭教育中，父母应避免过度谴责或上纲上线，更不应时常强调“原则问题”或“对错问题”。家庭应当是一个充满理解与关怀的港湾，特别是当父母与孩子相处时，父母要让孩子深切感受到，即使他们犯了错误，父母的爱意也绝不会减少。这样，孩子在犯错时才会更愿意向父母坦诚，父母才能引导孩子思考如何采取补救措施。

第二，先安抚情绪，再寻求解决方案

当犯了错的孩子泪眼婆娑时，为他们拭去泪水，用温暖的话语告诉他们无须害怕。将孩子拥入怀中，耐心倾听他们的解释。甚至可以用轻松的小玩笑来缓解紧张的气氛。总之，父母的首要任务是让孩子的情绪逐渐平稳下来。

第三，与孩子共同分析原因，实现共同成长

如果孩子确实犯了错，父母应以和善而严肃的态度鼓励他们承认并面对。在此过程中，无论父母多么愤怒或失望，都不应给孩子贴上负面标签，如“坏孩子”或“惹祸精”等。这样做只会让孩子错误地认为自己的天性就是如此，从而可能自暴自弃。

最后，需要明确的是，与孩子共同面对错误并不意味着对他们的错误行为视而不见或纵容。相反，家长的目标是引导孩子明确是非观念，学会承担责任和面对后果。

陪孩子一起发脾气，他有这个需要和权利

孩子不会发脾气，往往意味着缺乏自爱，这种“自我无足轻重”的感觉，使得孩子将“迎合与顺从”误解为性格温和、易于相处。他们竭尽全力去取悦父母和周围的人，却唯独忽略了要取悦自己。一个孩子如果没脾气或者从不发脾气，那才是真正的情感压抑。

原生家庭档案

妈妈的嗓子出现了状况，因此进行了小手术，医生严肃地告诫她，接下来的十天里不能说话。

儿子放学后，一脸怒意地冲回家，一进门就大声嚷嚷：“我真的受够了，他们无端指责我，我再也不想去上学了！”

平日里，听到儿子如此暴躁，妈妈肯定会以严厉的口吻训诫他，不允许他说出这种过激的话。然而，考虑到医生的告诫，妈妈只能瞪着儿子默不作声。

愤怒的儿子开始向妈妈倾述他的委屈：“妈妈，今天老师无缘无故地指责我抄袭同桌的作业，但我真的没有。为什

么我那么努力地好好学习，老师都跟没看见一样呢？”

看到妈妈并未如往常般训斥自己，儿子的胆子大了些，继续倾吐着心中的委屈。说着说着，他竟然忍不住流下了眼泪，而妈妈依旧保持着沉默，只是紧紧地拥抱了这个伤心的孩子。

儿子很快平复了情绪，他感激地对妈妈说：“妈妈，谢谢你愿意倾听我的诉说，谢谢你理解我。我以后一定会更加努力，用我的成绩向老师证明我的实力。”

说完这番话，他像没事人一样写作业去了。

清醒点！你已经伤了孩子

那些从来不敢发脾气的人，温和的外表下其实涌动着很多被深藏的情绪。他们常在下意识中觉得自己不够好，不配得到爱与关怀。正因如此，他们常常选择逃避和抑制自己的情感，怯于争取自己的权利。

他们选择自我压制，往往源于童年的不愉快经历：每当他们发脾气，都会遭到更严厉的惩罚——发脾气就意味着要挨打。

这样的家庭并不少见，很多父母会用强权来压制孩子的情感，有太多孩子被父母以简单粗暴，甚至“残酷”的方式对待。当孩子需求得不到满足时，他们不被允许表达情绪、哭泣或发脾气。

在“彬彬有礼”的要求和家长权威的压制下，孩子可能会逐渐演变成父母期望中的模样：懂事、顺从、安静且不惹事。他们不敢表达自己的想法，如同受惊的小鹿，在黑暗中颤抖，每一步都小心翼翼。

孩子试图理解和接纳周围的一切，但这个世界的复杂对他们来说，显得过于沉重。他们表面上看似乖巧懂事，但这只不过是为了迎合大人的期望，戴上了一副“我很好，没关系，我都可以接受”的面具。

然而，这副面具下，却隐藏着深重的负面情绪。孩子的情绪虽被暂时压制，却并未真正消散。这就像是高压锅内的蒸汽，即使锅盖被紧紧按住，压力也会不断积累，最终会猛烈地喷发出来，不仅可能伤及他人，也可能对自己造成伤害。

家长一味地禁止孩子发脾气，孩子可能会变得偏激，情绪容易波动，冲动且好斗，甚至可能因为言语上的冲突而摔东西或攻击他人。

父母应该明白，孩子发脾气是自然的情绪表达，而阻止他们发脾气才是违背人性的做法，也是不负责任的表现。

正确的教养方式

孩子的情绪表达直接而真实，喜怒哀乐都写在脸上，他们爱得真挚，恨得坦率，言语直率，笑容纯真。这种直白的情绪表达，正是孩子心理的一种优势，能让他们及时宣泄情感。这种自然情感的流露，并不羞耻，只要不影响他人正常学习与生活，不伤害他人，就没有对错之分。

作为父母，要认识到孩子发脾气是正常情绪宣泄，应允许他们适度发泄，但更重要的是，要探寻孩子发脾气背后的原因，进而给予适当的引导。

第一，认可孩子的真实感受

“我能够看出，你现在真的很生气。生气是完全可以理解的，你能告诉我，你在生谁的气，或者是什么事情让你如此生气吗？”然后，我们要静静地等待孩子的回应，并做到真诚倾听。

第二，深挖孩子发脾气的原因

父母需要内向探索，自己是否在某些行为上触发了孩子的愤怒。是经常无意识地干涉孩子，还是不停地唠叨、过度惩罚，或是总是以命令的口吻对孩子说话？父母必须以身作则，努力为孩子创造一个和谐、积极的家庭环境，孩子才会保持积极情绪，并学会合理控制自己的不良情绪。

第三，引导孩子以正确的方式发泄情绪

如果孩子已经形成易怒性格，首先，父母可以采取冷处理，即在他们发脾气时选择性地忽视，让孩子有机会自己冷静下来；其次，父母要引导孩子以合适的方式将不良情绪发泄出来，为他们提供如何排解消极情绪的方法。例如，通过聊天来帮助孩子宣泄心中的怒气，或者建议孩子去跑步、大声唱歌等。在孩子心情愉快时，父母再与之聊一聊，“你为什么那么生气”“你能不能想出一个好办法，既可以把自己的坏情绪发泄出来，又不会影响别人”。

欣赏：从我不配，到我值得

每个人心中或许都有某方面的自卑，而自信，则是让他们一步步跨越自卑荆棘、茁壮成长的伴侣。

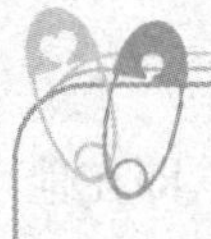

原生家庭档案

正处于孩提时代的张放，却被周围的人标签为“坏孩子”。每当村子出现玻璃破裂、果子被偷或猫狗被打等事件，大家都会不约而同想到张放，甚至家里人也将张放视为无药可救的顽童。

村里人普遍认为，母亲的离世和缺乏管教是导致张放人品低劣的主因。在这样的指指点点下，张放索性破罐子破摔，越发无所顾忌，行为越来越放肆。

那天，父亲说，会给他们带回来一位新妈妈，兄弟姐妹有人不开心，有人很好奇。然而，张放对此却不以为意，他根本不将这位新妈妈放在心上。

终于，那个陌生的女人踏入了家门。张放双手交叉胸

前，冷漠地凝视着她，显然，他对她充满了敌意。

“这就是张放，”父亲向她介绍，“这孩子很顽劣，整天惹是生非，搞得村子里鸡飞狗跳，是村里最坏的孩子。”

让张放刻骨铭心的是继母当时那番深情而鼓舞人心的话语。她温柔地将她的手搭在张放的肩头，目光中闪耀着信任与期待。“最坏的孩子？”她轻声却坚定地反驳道，“我不这样看，我觉得他是家里最聪明的男孩。我是他的新妈妈，我有义务引导他。”

继母果然如她所说的那样，对张放倾注了更多的耐心和关注。她总是能在张放闯祸以后，从坏事中找到张放的优点。桀骜不驯的张放有好几次被继母夸得都很不好意思，他也慢慢放下敌意，接受了这个新来的妈妈。

如今创业小有所成的张放，在父亲离世后，每年都要回乡几次，专门看望继母。因为是继母坚信，他是一个聪明而且本性善良的孩子，才把他塑造成了一个优秀的人。

清醒点！你已经伤了孩子

在孩子心智尚未成熟的稚嫩阶段，他们对父母的评价充满了无尽的依赖。在孩子们纯真无邪的眼眸中，父母犹如神祇般的存在，他们深信父母的每一句言辞，毫无保留地接纳他们，并将这些话语内化为自己的坚定信念。

父母因某种原因对孩子投以贬低之辞，这无异于在孩子幼小的心灵上刻下深深的自卑烙印。随着年岁的增长，这种自卑感如同潜藏的暗流，在人际交往中悄然浮现，使他们时常感到自己逊色于他人，缺乏安全感，难以信任他人，总觉得自己不配享有世间的美好与温暖。

教育专家李玫瑾曾对一千名未成年人进行过一项深入的研究，其结果令人深思：相比游戏等外界因素来看，经常被父母责骂的孩子出现性格缺陷的几率最大！其中，有25.7%的孩子出现了“自卑和抑郁”倾向；有22.1%的孩子会变得“冷酷”；而56.5%的孩子则会时常表现出“暴躁”情绪。

研究认为，3岁以前是孩子情绪最敏感的时期，也是孩子性格养成的关键时期。那些4岁以下的孩子，如果他时常听到父母将自己与邻居或同事的孩子相比较，讨论自己的不足，那么他的心理压力将会骤增，甚至会产生一种被遗弃的恐惧感。

长此以往，随着年龄的增长，他们会出现各种各样的心理问题。

正确的教养方式

优秀的孩子源于父母的持续赞赏与鼓励。父母应当勇于承认每个孩子的独特性和差异性，并激励他们逐步缩小与他人的差距，而非一味地指责与抱怨。无谓的批评只会给孩子带来无尽的伤害，将原本充满活力与梦想的孩子，塑造成缺乏理想、志气，庸碌度日的人。

第一，以欣赏的心态审视孩子

父母应在日常生活里，细心留意孩子的行为举止和好恶，观察他与别人玩耍、交谈和阅读时的表现。你可能会发现，孩子虽不擅长弹琴却对绘画情有独钟，虽缺乏耐心却充满创意，虽不善于表达却心怀善良。每个孩子都有其独特之处，父母应该记录并分析孩子的性格倾向，以便更好地引导他。事实上，父母学会用赏识的眼光去看待孩子时，总能在他们身上找到闪闪发光的魅力。

第二，给孩子创造得到赞美的机会

赏识不应仅停留在口头的赞许，更应通过实际举措来体现。父母需要积极为孩子营造能够发挥其聪明才智的环境，并针对他们的表现予以合适的称赞。例如，在家庭成员庆生时，鼓励孩子展示才艺；每周设定一晚，让孩子轮流朗读文章并分享感悟；每月组织派对，邀请孩子的朋友参加，各自展示一项特技。当然，做这一切时，我们应该尊重孩子的意愿。

第三，给予孩子充裕的时间与空间

赏识的本质是一种宽容与理解。父母既已为孩子提供机遇，便需要耐心等候孩子潜力的绽放。有些父母因为孩子初次尝试时的失误而选择代劳，这反而会使孩子失去成长与锻炼的机会，有可能埋没了他们的天赋。另一些父母，在孩子暂时未达到预期时，便急于责备，这无疑会抑制孩子的潜能。父母应给予孩子更多的时间与空间，让他们以自己的方式去探索与成长。

柔和地表达要求，也能很有权威

如果在成长的漫长岁月里，父母总是采用强制性、命令式的方式让孩子按照自己的意愿去做，孩子始终扮演着被支配的角色，那么，自孩童时期起，他们的心中便会弥漫起无边的恐慌，这将是他们生命中难以承载之重，宛如漫天乌云，令人窒息。

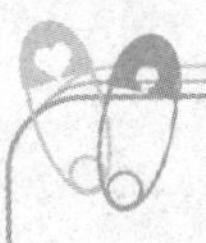

原生家庭档案

倩倩坐在玩具店的门口，放声哭闹，她眼中只有那只心仪的布娃娃，而妈妈却坚决拒绝为她购买。妈妈不断地催促她离开，脸上勉强抑制着与尴尬交织的怒火。然而，倩倩并未察觉到妈妈的情绪，反而哭得更加厉害了。

终于，妈妈的忍耐达到了极限，一巴掌重重地落在了倩倩的脸上。

那一刻，倩倩愣住了，妈妈紧接着冷冷地说："你再这样闹下去，我就不要你了，你就一个人待在这里吧！"说完，

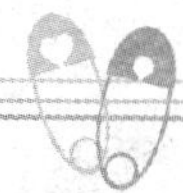

妈妈便向商场门口走去。倩倩回过神来，连忙紧跟在妈妈身后，伸手试图拉住妈妈的手，但妈妈却对她毫不理睬。倩倩只能带着哭腔，不断地恳求妈妈："妈妈，你别不要倩倩，倩倩知道错了。"

从那以后，倩倩变得异常乖巧。她成了邻居们口中常提到的"别人家的孩子"，不仅听话懂事，学习上也从不让父母操心。家里有了弟弟后，她还会主动帮忙照顾。在众人的眼中，她成为孩子们学习的榜样。

然而，不久前的一个日子，倩倩竟突然失踪了。焦急万分的爸爸妈妈迅速报了警，幸运的是，在学校附近的公园角落里，他们找到了倩倩。但回家之后，倩倩的状态却令人担忧，她整天都躲在房间里，食欲全无，精神萎靡。直到妈妈带她去看了心理医生，才得知倩倩竟然患上了中度微笑抑郁症。

原来，自从妈妈怀了二胎之后，情绪就变得起伏不定。每当倩倩的行为稍有不让她满意之处，妈妈的怒火就会瞬间燃起，要么是严厉的训斥和怒吼，要么是冷漠的无视，甚至会说："你再这样，妈妈就不喜欢你了。"在这样的环境下，倩倩渐渐失去了自己的脾气，变得越来越"乖巧"，对家里的每个人都笑脸相迎，而这背后的代价，却是她内心的无尽痛苦和挣扎。

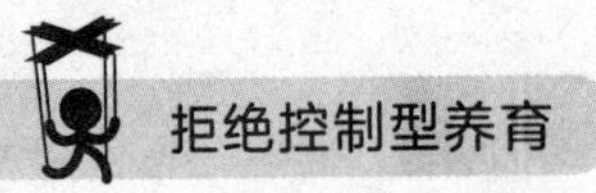

清醒点！你已经伤了孩子

性格坚定且喜欢掌控的人，常常在人际交往中自然而然地占据主导地位。这种情况在父母角色中也不少见。有的父母性格刚强，在教育孩子时，往往会显得极为果断和专制，习惯向孩子发出指令，而忽略孩子个人的想法和感受。

在父母的这种命令式教育下，孩子可能会形成错误的观念——只要顺从，就不必承担任何责任。相反，如果不顺从，就可能要承担某些后果。而且，孩子还担心父母可能会冷落或遗弃他们。渐渐地，孩子不敢在与父母的交流中坚守自己的看法，因为他们害怕这种坚持会使他们与父母的关系恶化。

随着孩子成年，自我意识逐渐增强，他们很容易发展出以下几种人格特质——取悦型人格、抑郁型人格、偏执型人格、愤怒型人格或攻击型人格。

正确的教养方式

倘若父母总是倾向于对孩子下达命令，毫不顾及孩子的感受和想法，那么孩子将会受到压制和束缚，他们会逐渐失去自我，自信心也会受到打击。久而久之，孩子可能会变得懦弱、自卑，习惯性地取悦他人。待他们长大后，也难以形成独立自主的个性。

温柔沟通的力量，源于它能够触及孩子内心最柔软之处，构建起信任的纽带。父母采用温柔、尊重且理解的方式与孩子交流时，会发现他们更愿意倾听、更乐于表达。

第一，请不要再对孩子说这样的话

“别哭了，闭嘴，再哭我打你！”

“我说不行就是不行，你听不懂吗？”

“我为了你放弃了工作，你怎么这么不懂事？你这样我早晚会离开这个家！”

“你还敢跟我顶嘴？你对得起我吗？别叫我妈，我没你这样的孩子！”

第二，换种方式，用正面话术提醒孩子

不用否定或斥责的语气，而是用积极、鼓励的话语来与孩子沟通。例如，不说“别跑那么快，小心摔跤”，而说“我们慢慢走，这样会更安全哦”。积极、鼓励的语言能够降低孩子的抗拒心理，使他们更愿意接受和记住父母的提醒。

第三，如果孩子自主完成了你的想法，请给予正面反馈

当孩子按照我们的指导去行动或表达观点时，我们要及时给予正面的回应和鼓励。比如，赞扬他们的付出，认可他们的进步或创新。这样的反馈能够提升孩子的自信和成就感，让他们更加愿意接受我们的建议和指导。

把人生中的话语权，大方地还给孩子

唯有愿意倾听孩子的声音，给孩子思考的空间与表达的自由，孩子才有可能成为乐意“听话”的孩子。耐心等待孩子把话说完，这既体现了父母对孩子的尊重，也是父母能够给予孩子的最珍贵的礼物。

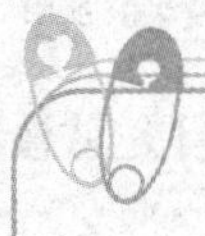

原生家庭档案

小郭毕业于一所重点大学，为人文静端庄，积极上进，在众人眼中无疑是一位优秀女孩。她做事一丝不苟，为人纯真朴实，只是略显羞涩，不善言辞。对此，小郭内心也是颇为苦恼。

自学生时代起，小郭便对课堂发言心生畏惧，生怕言辞不当而遭同学嘲笑。每当开口讲话时，紧张之情便溢于言表，脸颊绯红如苹果，言语也变得笨拙。若真有人嘲笑，她更是手足无措，因此总是尽量避免在课堂上发言。

大学毕业后，小郭有幸加入了一家前景广阔的公司，并通过不懈努力晋升为部门经理。然而，旧日的问题再次浮

现。每逢重要社交场合，她便开始忧心忡忡，生怕自己再次因言辞不当而脸红失态，当众出丑。有时，她甚至不得不找借口推托，因此错失了许多宝贵的机会。上司对此颇有微词，小郭也是痛苦不堪。

那么，小郭为何会陷入这样的表达困境呢？

原来，这一切都与她父亲独特的教育和管理方式息息相关。

每当家中有客来访，小郭的父亲总是严格要求她以礼相待，懂事乖巧，告诉她在大人们交谈之际，小孩子是不许随意插嘴的，最好是去到别处玩耍，让大人们得以清静地谈话。

即便是在这个三口之家，小郭的话语也时常被打断。比如，当她兴致勃勃地分享一天的趣事时，父亲却会不时地打断她，纠正她的发音、用词，或是批评她的某个想法，这使得她对表达渐渐失去了兴趣。

渐渐地，父亲开始忍不住抱怨：

“这孩子怎么就不像别人家的小孩那么机灵呢？”

“她的反应怎么这么迟钝啊！”

“这孩子一点儿主见也没有，到底该怎么办？她自己竟然还不知道自己很笨。”

这又能怪谁呢？这其实是父母自己种下的因，所得的果啊。

清醒点！你已经伤了孩子

父母频繁打断孩子的言语，甚至剥夺他们发言的机会，尤其在孩子犯错时更是压制其为自己辩驳的权利，这种行为实质上是对孩子思想独立性的否认。

在这些父母眼中，孩子的任何解释都可能被视为顶撞和狡辩，这无疑是一种误解。

这种教育方式显然没有将孩子视为具有独立思考能力的个体，因此他们也就不会去深入理解孩子的思想和内心的想法。更为遗憾的是，控制型父母可能还自以为是地认为，他们这样做是在尽职尽责地教育孩子。他们总是期望孩子能够顺从听话，但却往往忽视了倾听孩子内心声音的重要性。

父母过度压制孩子的言行，无疑是在扼杀孩子的自然天性。粗暴地制止孩子表达，会让孩子产生“不被尊重、不被信任、不被理解”的深切感受，从而引发委屈和沮丧情绪，甚至可能导致孩子以故意反抗父母的方式作为报复。

从另一个角度来看，即便是成年人，在发言时若屡遭打断或反驳，也会感到兴致索然，选择保持沉默。同样地，多数孩子在面对这种情况时，也会逐渐变得不愿独立思考和自主行动。这是很自然的反应，因为如果孩子发现自己的思考和提议总是遭到批评和指责，他们自然就会选择避免这种“自讨苦吃”的行为，以保护自己的心灵免受伤害。

正确的教养方式

尊重孩子的权利至关重要，它超越了其他所有的教育原则。在学校和家庭教育中，除了知识的传授和道德的培养，最根本的就是要尊重孩子的权利。若忽视了这一点，即便设计再精心的教育目标也将是失败的。

第一，先听孩子把话说完

每个孩子都拥有独特的思想、感受和需求。通过倾听，父母能够更深入地理解孩子，洞悉他们的疑虑、喜好以及所面临的困扰。这种理解不仅是对孩子的基本尊重，更是构建亲子间信任与互动的基石。在倾听的过程中，父母应尽量避免过早地做出评判或提出批评。因为这样的行为，会使孩子感到不被理解和接纳。正确的做法是，通过提问和给予反馈的方式，鼓励他们更深入地探讨自己的思想。

第二，允许孩子争辩

在教育孩子的过程中，父母时常会遇到孩子回嘴、反驳甚至顶撞的情况。面对这样的争辩，明智的父母会选择给予孩子争辩的权利。因为孩子在争辩时，往往是他们最为兴奋、认真和充满活力的时刻，这对他们的大脑发育是大有裨益的。同时，这种做法还能营造出家庭中的民主氛围，有助于提升孩子在各个方面的能力。正如美国心理学家安格利卡·法斯博士所言："代际间的争辩，是孩子走向成熟的重要一步。"

第三，允许孩子插话

一般而言，孩子打断他人讲话是情感的自然流露。这表明他们的思维活跃，渴望了解更多信息，或者对某些问题有着自己的独特见解。这种行为其实是孩子好奇心和创造力的萌芽。当然，出于礼貌的考量，父母应教导孩子在成人交谈的停顿时刻，再去表达自己的想法，并且耐心聆听孩子的想法。切记，不要简单粗暴地以“大人说话，小孩别插嘴”为由制止他们，这样做只会让孩子变得越发怯懦。

松弛学习法：父母不紧盯，孩子成绩更优秀

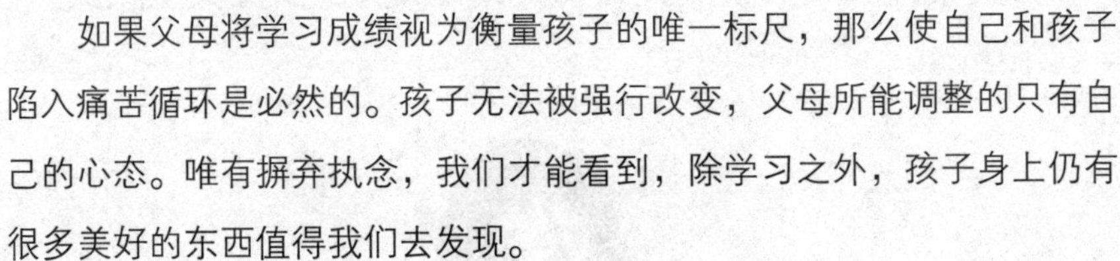

孩子的厌学程度，精准匹配父母的关注度

如果父母将学习成绩视为衡量孩子的唯一标尺，那么使自己和孩子陷入痛苦循环是必然的。孩子无法被强行改变，父母所能调整的只有自己的心态。唯有摒弃执念，我们才能看到，除学习之外，孩子身上仍有很多美好的东西值得我们去发现。

原生家庭档案

有个聪慧的男孩，思维敏捷，领悟能力强，也愿意努力学习，然而学习成绩却始终差强人意。正因如此，每当谈及学习，孩子的父亲总是愁容满面。

夫妇俩为了让孩子进入重点小学，节衣缩食，通过按揭购买了一套学区房。自从孩子升入一年级，父亲便为他报名参加了数学辅导班，并购置了大量教辅材料。每次孩子完成课程预习后，父亲还要求他继续解答额外的课外题目。每日学习提升练习的内容，都由父亲严格把控。

尽管父亲付出了巨大的努力，但孩子的学业成绩却裹步

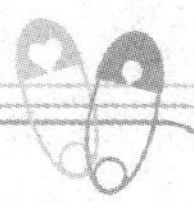

不前。失望之余，父亲列出了一长串孩子在学习上的问题：课堂上经常走神，写作业时拖延，不及时改正老师指出的错误，更令人沮丧的是，改正后的错题竟然会一错再错。

自己的全心投入却换来这样的结果，父亲的焦虑可想而知，对孩子的斥责和打骂也随之而来。

孩子心中也充满了委屈，他明明已经很努力了，但成绩就是无法提升。后来，他逐渐失去了学习的积极性，他说：“我学习其实是为了我爸爸。每当看到他因为我学习的事情生气，我心里就很难受，这种难受让我更学不进去。慢慢地，我就不想再学了。”

清醒点！你已经伤了孩子

教育学家将孩子们中间普遍存在的学习状况划分为三种不同的状态：

第一种，痛苦学习状态，孩子在这种状态下倍感煎熬；

第二种，麻木学习状态，孩子在这种状态下对学习毫无感觉；

第三种，快乐自信的学习状态，这是孩子自觉、自愿投入学习的理想境界。

对于厌学的孩子而言，他们往往同时陷入了前两种状态之中。孩子厌学的种种表现，无不揭示出他们正确学习动机的缺失，学习责任感的匮乏，以及学习兴趣的日渐衰减。简而言之，这些孩子在学习上缺乏主动性、自觉性，缺少学习的热情和内在的动力。

那么，究竟是何原因导致如此多的孩子陷入了厌学的困境呢？

教育学家指出，孩子厌学的情绪，近九成源于家庭或学校采用的强迫性教育方式。目前家庭教育中“内卷”现象十分普遍，家长们渴望自己的孩子能够脱颖而出，因此不断对他们施加压力，要求他们持续学习。适度的“内卷”可以激发孩子的潜能，但过度“内卷”可能会导致孩子压力过大，产生厌学情绪。长此以往，就算是好学生，也会被疲劳感和压迫感搞得越来越排斥学习了。

一定程度上，孩子对学习的抵触，其实就是对过度学习压力的一种无声反抗。

认清这一点后，父母需要深刻反思，并积极调整自己的教育方式，在“内卷”和“松弛”之间找到平衡，坚决摒弃那种“催促、催促、再催促”以及“责骂、责骂、再责骂”的简单粗暴做法，同时给予孩子宽松自由空间。

正确的教养方式

督促孩子搞好学习本身无可厚非。然而，问题在于，父母不能仅将视线和心思局限在孩子的学习表现上。如果父母开口就是责备，言语中充斥着质疑与否定，而鲜有对孩子的肯定与鼓励，那么孩子的学习和心理状况必然会出现问题。

第一，从耐心帮助孩子端正学习态度做起

通过梦想来激励孩子，是个不错的方法。浪漫的梦想，就像是孩子成长道路上的明灯，为他们指引方向。比如，如果孩子对海洋充满好奇，

那父母就鼓励他尽情阅读关于海洋的书籍，深入了解海洋的广阔与神秘。同时，父母还可以引导孩子拿起笔，将所学到的海洋知识分享给老师和同学们，让大家都感受到他的热情与探索精神。当然，追求梦想也需要一些实用的技能！比如需要学好数学知识，毕竟探索海底的奥秘离不开精确的测量；还需要学好英语，因为国外的海洋生态与我们国内也有着诸多不同，掌握一门外语就能更好地领略那份异域的美丽与神奇！通过这种环环相扣的引导，孩子的学习态度和学习兴趣，是不是更容易被激发出来。

第二，教给孩子正确的学习方法

如果孩子未能掌握有效的学习方法，即使拼尽全力也可能难以取得进步，这自然会让他们对学习失去信心，进而失去兴趣。此时，父母应该适时提供一些有益的学习方法作为参考，帮助他们重新找回学习的乐趣和信心。例如，面对一篇难以记忆的课文，父母可以先引导孩子理解课文的结构和要点，再逐一分析每个自然段内的关键词。通过这样的拆分和细化，孩子背诵起来就会感到更加轻松和容易。

第三，调整目标，陪孩子一起把学业补上

有些孩子可能由于之前学习效率不高，或者有一段时间未能跟上学习进度，导致基础知识掌握得不够牢固。这就使得他们在后续的学习中难以跟上节奏，感到力不从心。面对这样的情况，父母可以适当调整目标，但绝不降低要求。比如，别人一天背诵一首诗，我们可以让孩子一天只听十分钟的音频，专注于这一首诗，同时多尝试不同的学习方法，以鼓励孩子找到适合自己的学习节奏。

原本成绩差，盯得越紧，成绩就越差

即便学习成绩不好的孩子，内心深处对于自主学习的渴望也极为强烈，那是灵魂深处对自由学习空间与掌控学习自主权的深切渴望。父母若因孩子成绩不佳，便急于将他们的课余时间安排得满满当当，无疑是剥夺了孩子内心深处对于自主掌控学习的深切需求，这是雪上加霜。

原生家庭档案

代文启如今对每天的放学时刻竟生出了一种莫名的厌恶，这听起来或许有些匪夷所思，不是吗？

每日黄昏，当爸爸的身影准时出现在校门口，代文启便知道，一场例行的“询问仪式”即将拉开序幕。坐进车内，爸爸的第一句话总是毫无二致：“今天学习怎么样？”

三年了，从上小学开始，爸爸对他的每日学习动态一直保持着高度的关注，而对于那些生活中的琐碎趣事，却似乎从来不感兴趣。

代文启真的很想说：“爸爸，你知道这三年我是怎么过

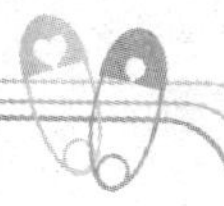

来的吗？”

其实每次与爸爸相见，代文启心中都会涌动出一股强烈的愿望，想要将一天中的点点滴滴悉数分享：今天与小伙伴们嬉戏的欢乐时光，老师那难得的夸赞之词，还有刘首与王钧平之间那场微不足道的小争执……然而，这些温馨而生动有趣的片段，却总是在爸爸那句“学习怎么样”的询问声中黯然失色。

今日，爸爸依旧如约而至。车内，那熟悉的问题再次响起：“代文启，今天有没有考试啊？”代文启不耐烦地回应：“没有。”紧接着，爸爸又问：“那老师今天布置作业了吗？”面对这连珠炮似的问题，代文启选择了沉默。在爸爸的再次追问之下，他才勉强点了点头。

或许，爸爸终于察觉到了代文启心中的不悦，于是，这场每日的“询问仪式”在此刻悄然落下了帷幕。

近期，代文启的考试成绩出乎意料地滑落，仅勉强跻身班级第八，这与他平日里稳居前五的优秀成绩形成了鲜明对比。这一突如其来的成绩波动，无疑在爸爸心中掀起了滔天巨浪，焦虑与愤怒交织成一张无形的网，紧紧束缚着他的心。

于是，爸爸对代文启的学习监督愈发严苛，不仅每日必行的“询问仪式”变得更为冗长烦琐，还额外为他增添了沉重的作业负担。这份无形的压力，如同巨石般沉沉压在代文启的心头，让他对学习本就淡薄的热情更是雪上加霜，渐渐滋生出深深的厌恶之情。

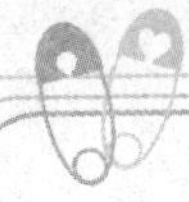

课堂上，代文启开始变得心不在焉，老师的讲解如同耳边风。平日里，他也变得寡言少语，昔日的欢声笑语似乎已随风而逝，取而代之的是一片沉寂。

爸爸渐渐察觉到代文启学习态度的微妙变化，那份曾经的热情与积极如今已被消极与冷漠所取代，这让他心中不禁涌起一股难以言喻的忧虑与无奈。

清醒点！你已经伤了孩子

“每天不了解一下孩子的学习状况，不盯着他做完习题，我不放心。”

这是控制型家长的通病。他们下班回来的第一件事，便是迫不及待地询问孩子的学习情况，成绩如何，然后翻开孩子的考卷，对那些做错的题目进行一番严厉的批评。在他们看来，唯有对孩子的学业施以严格的管教，方能促使孩子学业精进。

控制型父母如果看到孩子在“浪费时间”，心中的怒火会瞬间被点燃。

“你难道打算就这样一直颓废下去吗？这样下去，高中、大学都无望了！你干脆就别再上学了，早点回来，别再浪费时间！”

“你到底打算什么时候开始学习？暑假都快结束了，你怎么还不行动起来？”

“我真是从没见过如此不争气的孩子！你看看，有谁像你这样？”

然而，这番责备之后，亲子关系却陷入了前所未有的紧张之中，而孩子的学习热情也并未因此被重新点燃。

正确的教养方式

孩子的学习状态如何，取决于他们的内在驱动力，而非外在的强制。只有当孩子感受到学习的自主权并意识到学习的必要性时，他们才会真心投入学习，从而实现高效学习。这对那些性格急躁的家长来说，无疑是一项严峻的挑战。

第一，让孩子自己掌控时间，独立完成学习任务

在父母的严密监督下学习，孩子往往难以集中注意力，且会因此丧失自主感，觉得受到父母的压迫，进而对学习产生更深的抵触情绪。

家长应将学习时间的规划权和自主权交还给孩子，与孩子达成明确的约定。例如，“我们约定在某某时间内，保证质量地完成某某任务”。其余细节则尝试让孩子自行处理。这样，孩子便不会觉得他们是为了满足父母的要求而学习，从而减少心理上的排斥感和疲劳感。现在，他们会将如何在规定时间内完成学习任务，视为自己需要思考和解决的问题。

第二，允许孩子放松，不一定非要一鼓作气

控制型的家长常认为，大脑需要不断使用才会更聪明。然而，真相是，大脑在长时间高负荷运转后，反应会变得迟钝，难以跟上学习节奏。因此，父母应允许孩子的大脑得到间隔性的休息，让他们自由支

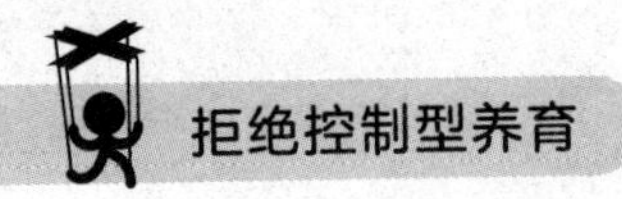

配时间，或者选择短暂休憩，这对他们的后续学习其实是有益的。

第三，如果孩子学习爱拖延，引导胜于吼叫

对于学习拖延的孩子，为他们创造一个舒适的学习环境远比施加压力更为重要。给家长们提几点建议：根据孩子的认知水平和个性特点，为孩子设定合理的学习目标和要求；妥善规划孩子的学习与休闲时间，确保他们有足够的休息和娱乐；避免过度介入孩子的学习过程，着重培养他们的自主学习能力；努力让孩子体验到学习带来的成就感和快乐，从而提升他们的学习自信。

当孩子在学习中遇到困难和问题时，家长应保持冷静，与孩子共同分析原因，并鼓励他们勇于面对和改正，克服学习中的障碍。

把兴趣还给孩子，他会给你带来惊喜

热爱，犹如孩童内心深处最珍贵的宝藏，源源不断地为他们探索广阔世界、勇敢追逐梦想的旅程注入动力。兴趣是热爱的起点，热爱是比兴趣更好的老师。然而，在控制型父母的加持下，诸多孩子的兴趣及热爱被忽视、质疑，甚至遭到扼杀。这无疑是对孩子们天赋与潜能的极大浪费。

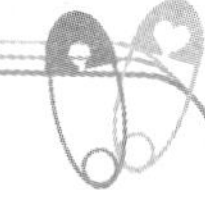

原生家庭档案

李怀军自幼便是个格外“贪玩”的孩子。每日放学铃声一响，他不是手执自制的“捕虫神器”奔向田野，捕捉那些灵动的小生命，便是领着几个小伙伴，手持放大镜，穿梭在田间地头，细细观察庄稼叶子的每一寸纹理。

对于李怀军的这种看似“玩物丧志”的行为，父母深感焦虑与不满，多次将他那些心爱的玩耍工具一一没收。然而，这些却并未能遏制住他那颗贪玩的心。李怀军仿佛拥有无尽的创造力，总能变戏法般地制作出新的玩耍工具，让父母也无可奈何。

父母在与老师一番长谈后，老师对李怀军的评价是：非常聪明，只是没有将主要精力投入到学习上，因此成绩平平。

于是爸爸妈妈更着急了。有一次，爸爸当着李怀军的面，狠狠摔碎了李怀军花了好多心血才做好的“风能小汽车”。当时，李怀军先是一阵惊愕，随即双眼便布满了毫不掩饰的愤怒。

从此，李怀军真的不玩了，但也彻底不学了，成绩从原本的班级中等，转瞬就到了班级吊车尾的位置，整个人也失去了孩子该有的蓬勃生机，每日寡言少语，无精打采。

这一下，爸爸妈妈恐慌了，他们与李怀军约定：“我们以后允许你玩，但有两点你要答应我们：第一，不能玩危险的东西，比如玩火、玩电；第二，你起码要把自己的功课完成。”

就这么愉快地决定了。

小学毕业后，李怀军并未踏入市里那所众人瞩目的“重点中学”，而是在一所普通学校里继续他的学业，成绩也只是维持在“中等偏上”的水平。然而，在航空模型制作这一块，李怀军的名字却是全市皆知。初二那年，在老师的悉心指导下，由李怀军主导设计的航空模型，更是在全国性的大赛中脱颖而出，荣获了大奖。

父母高兴之余，忍不住问儿子：“将来你想去哪所大学？”

李怀军一脸向往：“中国人民解放军国防科技大学！”

“不错，有志气，可是……”

不等爸爸妈妈把话说完，李怀军便笑着打断：“你们放心吧，我长大了，我知道该为自己的梦想努力了！”

清醒点！你已经伤了孩子

研究发现，自主感可以带来一个人的内在动力。对生活、学习的自我掌控感是每个孩子最想要的也是最需要的。而学习的兴趣、热爱和自信，更是孩子自主学习的强大推动力。

但控制型的家长更倾向于给予表现优异的孩子更多的自主权和选择权，而对那些贪玩或成绩不佳的孩子则施加更多的控制。

然而，即便是成绩落后的孩子，他们同样渴望体验到自主性，比如去做自己感兴趣的事情。对于这部分孩子来说，虽然他们可能需要更多的外部引导，但过度的外部干预不仅可能无法提升他们的学习能力，反而可能加剧他们在学习上的无力感。

正确的教养方式

如果你确实在孩子的教育上力不从心，那么请至少留给孩子两样宝贵的东西：一是保护他的兴趣，二是维护他的自信。因为兴趣能激发他的动力，自信则能助他渡过难关。遗憾的是，现今的家庭教育往往在无意中消磨了这两样珍宝。

第一，放下对名校的执念

许多家长认为孩子只有考高分、上名校才有未来，似乎孩子的成功完全由学校决定。事实上，孩子的成功与学校无关，上得了名校固然好，上不了也不一定就是失败。因此，家长们应放下对名校的执念，不要一味要求孩子必须考入名校。同时，要认识到孩子的能力是多方面的，学业成绩不佳并不代表他们能力低下。孩子在不同领域各有千秋，这是非常自然的现象。不要为挤进名校而丧失发展潜能，为兴趣和特长而学，也能成为最好的自己。

第二，找到孩子智力或能力可以胜任的最优项

在评价孩子时，父母不能仅仅局限于一两个维度，而应该全面、深入地思考，自己的孩子究竟在哪方面更具优势，哪方面相对较弱。例如，如果孩子在文学和画画方面表现出色，而在数学逻辑思维能力上与同龄人相比稍显一般，那么我们就不能期望他将来在大学里学习一个他并不擅长、只是父母希望的专业。父母应该认识到，孩子将来在社会上的发展，将主要依赖于他个人智力或能力上的最优势方面。父母不能不顾实际情况，一味地拿孩子的短板和别人的长板相比，这样只会让自己永远不满意，也让孩子很丧气。

第三，兴趣可以培养，不要粗暴干涉

对于可塑性强的孩子，父母确实可以引导他们培养对某一领域的学习兴趣。但在此过程中，必须避免粗暴干涉、强行要求或教条主义。家长应根据孩子的年龄和心理特点，以参与者的姿态、商量的语气、生动有趣的方式和亲切的态度与孩子交流，这样才能有效激发和培养孩子的学习兴趣。

学习不是教条主义，别伤害孩子的想象力

没有想象力，我们很难产生新的想法、灵感和创意。当孩子丰富的想象力总是被束缚在成人所认为的“正确”或“正常”框架之内时，他们便如同被困于笼中的雏鹰，无法自由地展翅翱翔于广阔的天空之上。

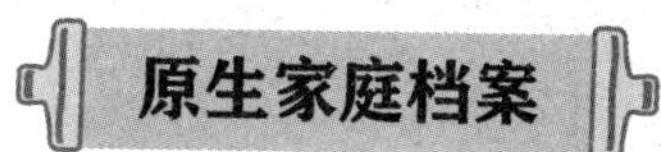

原生家庭档案

幼儿园里，老师教孩子们写“大”“小”两个字，有个孩子却根据自己的理解，将“小”字写成了“十”字。当老师指出错误时，孩子却振振有词：“‘大’字的两腿向外伸展得很开，那么‘小’字的两腿就应该向中间收缩，所以‘小’应该写成‘十’。”

孩子这种别出心裁的解释让老师既感到好笑又无奈。她对孩子的父母说，这孩子聪明且有独创性，但未来可能会比较难引导，希望他们能好好地指导他，相信他未来一定能出类拔萃。

然而，孩子的父母误解了老师的意思，以为老师是在以反话暗示孩子“三岁顽童看到老”，他们觉得面子挂不住，于是决定回家后要加强管教，坚决纠正孩子的“离经叛道”行为。

某日，孩子兴高采烈地完成了一幅画，然后兴奋地跑向妈妈展示：“妈妈，你看我画的小兔子。”

妈妈瞥了一眼，严厉批评道：“你画的这是什么？这哪里像兔子？兔子怎么可能有翅膀？你们美术老师肯定不会教你这样画，你应该按照老师教的来画！”

孩子解释道：“可是，如果小兔子没有翅膀，它是怎么去月球的呢？”

妈妈却不耐烦地打断他：“我让你怎么画就怎么画！别总是想些稀奇古怪的东西！”

孩子哭了，妈妈更加不耐烦，打了孩子两下并斥责道：“哭什么哭，这么不听话还好意思哭！”

孩子无辜地挨了打，却不知道自己到底错在哪里。那晚，他躺在床上，心中充满了疑惑和愤怒：难道你是大人就可以不讲理吗？你力气大就可以随便打我吗？自此以后，他不再喜欢画画，也失去了创造新奇图画的热情。

这位妈妈或许永远不会知道，她的呵斥与体罚不仅剥夺了孩子善于思考的天性，也严重挫伤了孩子的自尊心。

清醒点！你已经伤了孩子

每个孩子自降生之日起，便怀揣着无尽的好奇与丰盈的想象，在他们的心灵画布上，世界是一幅斑斓多彩、奇幻瑰丽的画卷。

然而，当这些稚嫩的心灵萌发出新颖独特的念头，或展现出与众不同的思维光芒时，控制欲强的父母却往往视之为离经叛道，急于扼杀这些“荒诞不经”的想法于摇篮之中。

每当孩子尝试创新，这些父母便以既定的思维模式为尺，对孩子进行评判与衡量。

这样的父母，无疑是忽视了孩子生命色彩的独特价值。

童真，是孩子未经世事磨砺的纯真心态，此时他们尚未被成人世界的规则所束缚，拥有奇妙想象和无限创造，思想自由翱翔，创意的火花得以尽情挥洒。若在此关键时期，父母过多地阻挠与“纠正”，无异于在孩子心中播下自我怀疑的种子，最终可能使他们丧失那份与生俱来的创造力，思维模式趋于禁锢和束缚。

正确的教养方式

不同的花朵在各自的时节绽放，每个孩子也遵循着他们独特的成长步伐。父母应当欣然接纳孩子们的个性与差异，珍视他们最真实的一面，并引导他们学会尊重这个多元的世界。在孩子们成长的道路上，父母要为他们注入坚定的自信和深厚的力量。

第一，忍住，别否定

当孩子抛出那些与众不同的想法时，父母的第一反应不应该是泼冷水或打压。相反，父母应当鼓励孩子独立思考，认可他们那份独特的思维方式，甚至要表扬他们不随波逐流的态度。就算孩子的答案真的偏离太远，这也能成为他们成长中的宝贵经历。父母可以先肯定他的构思，之后再给予适当的引导。切记，千万别给孩子轻易设限。

第二，给孩子与众不同的底气

我们的认知都源自过往，但千万别因为自己的局限而束缚了孩子。要让孩子从小就接触多元化的价值观，培养他们敢于表达不同的勇气，这就得从接纳孩子的“异样”开始。容易被父母接纳的孩子，不仅敢于展现自己的独特，更有底气去接纳外界的多样。真正的爱孩子，不是借着爱的名义去改造他们，而是接纳他们真实的样子。这样的爱，会是孩子走向未来最坚实的自信和底气。

第三，参与到孩子的与众不同中来

不要轻视孩子的每一个奇思妙想。你可以随身携带一个小本子，记录下孩子们每一个灵感的火花，这些宝贵的想法可能会成为他们未来宝贵的财富。同时，父母要勇于面对孩子们的失败和破坏。当孩子在尝试实现自己的想法时遭遇挫折，父母不应立即制止或责备，而应与他们一同面对困难，共同分析失败的原因，并探讨如何改进。这样的陪伴和支持，会激励孩子去激发自己的无限潜能。

不要让孩子的好奇心，止于所谓的正确答案

好奇心让孩子对于外界事物充满求知欲，当有些事物超过孩子的认知范围，他们就会急着去问家长为什么。这时，一个真正有深度的教育者，应该能够敏锐捕捉问题的关键，同时也能够以简单易懂的方式，把复杂的问题解释清楚。我们的目标应是鼓励孩子持续思考，而非简单地给他们一个刻板答案。父母如何回应孩子，直接影响孩子的认知能力发展。

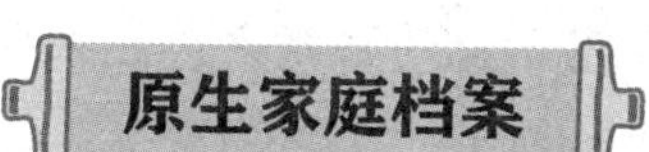

孩子央求着妈妈，希望她能讲一个精彩的故事。妈妈微笑着，开始讲述聪明的小白兔如何凭借智慧击败邪恶的大灰狼的故事。故事讲完后，孩子满脸疑惑，眨巴着大眼睛问："妈妈，为什么小白兔总是被描绘成好的，而大灰狼就一定是坏的呢？"

妈妈稍微愣了一下，解释说："自古以来，小白兔和大灰狼的角色就是这样设定的。"

这个回答并没有使孩子满意，他继续追问：“那么，为什么古代人就一定认为大灰狼是坏的呢？再说，小白兔怎么可能比大灰狼更聪明，还能打败它呢？”

妈妈一时语塞，她没想到孩子会提出这样的问题。过了一会儿，她突然提高声音，语气中带着些许不耐烦：“书上怎么写，你就怎么听！别整天想些有的没的！这些胡思乱想能帮你考高分吗？快回房间学习，别在这里浪费时间！”

白岩松在一篇谈儿童教育的文章中曾强调：“我们不应该用框定的标准答案来束缚孩子。”白岩松的舅舅是一位在中学执教的数学老师。在白岩松还年幼的时候，舅舅每天都会为他准备一道数学难题。有趣的是，舅舅总在白岩松还未及深思时，便迅速画出一条标准辅助线，随后要求他寻找第二条甚至第三条解题路径。那时的白岩松对此颇感恼火，但出于舅舅的威严，又不得不坚持完成这项看似无用的特殊任务。

多年之后，白岩松才猛然意识到，这种独特的训练方式已经潜移默化地重塑了他的思维方式。从那时起，他坚信每个问题都可能有多重解答。每当别人给出一个答案时，他总是习惯性地想要探寻那第二条解题的辅助线。正是这种摒弃功利、看似“无用”的训练，悄然点燃了他的创造力火花。

清醒点！你已经伤了孩子

培养孩子并非制造生产线上统一规格的产品，他们的成长不应该被刻板的标准所束缚。

那些倾向于控制的父母，常常会根据社会的既定标准、既定的价值观、传统习俗以及他人的期待来塑造孩子，却忽略了孩子们内心的真实感受和他们渴望被看见、被理解的需求。控制型父母认为，只有当孩子的行为和性格符合社会普遍认可的标准，与他人无异时，才是对的；稍有偏离，孩子便可能被冠以“离经叛道”等标签。

控制型父母常固执地认为，每个问题只有一个标准答案。任何与所谓的标准答案不符的思路，都被视为“异类”。但实际上，解决问题的方法往往多种多样，许多问题的答案也并非唯一。

在培育孩子的过程中，若父母过分拘泥于那些所谓的标准答案，拒绝接受孩子们独特的思考方式，这无疑是为他们的思维套上了沉重的枷锁，只会扼杀他们原本跃跃欲试、充满无限可能的潜能。

正确的教养方式

父母不应该轻易扼杀孩子的好奇心，不应该使用暴力语言打断孩子对认知的探求，更不应该将孩子的思维束缚在固定的标准答案上，这种做法对孩子的成长而言，只能是一种持续性的伤害。

第一，给孩子创建安全的提问空间，让孩子“敢问”

“妈妈，为什么车轮是圆的，而不是正方形或者长方形呢？”孩子好奇地问道。

控制型父母可能会回答：“你脑子是不是有问题，方的能跑吗？”而松弛型父母则会微笑着说：“你这个问题问得真好！车轮之所以是圆的，是因为根据形状的特性，圆的车轮滚动起来更加平稳，而其他形状的车轮则会让行驶变得颠簸。你能想到还有什么物体是只能用圆形来设计的吗？”

同一个问题，两种不同的回应方式，对孩子而言，所传递的信息是截然不同的。

如果孩子在成长过程中，没有从父母那里感受到对“自由提问”的包容和对好奇心的支持，那么他们提问的热情会逐渐被磨灭，最终可能完全失去探索未知的兴趣。

第二，引导孩子学会提出好问题

提出深刻的问题往往比解决问题更为关键。对于家长而言，不仅要认真回应孩子的“为什么”，更要引导他们发掘更多、更深入地探索“为什么”。这些富有深度的问题，是激发创造力的基石，有助于培育孩子的科学素养和提问能力。

第三，不要让孩子的好奇心止于所谓的正确答案

当孩子向我们提问时，我们应致力于帮助他们保持思维的活跃，而非急于给出一个简单的答案。例如，当孩子询问为何树叶会落下时，我们可以反问：“你注意到落下的树叶通常是什么颜色的吗？”或者进一步询问：“你有没有观察到树叶通常在什么季节落得比较多？”甚至可以引导他们猜测：“你觉得为什么物体会下落呢？”

总之，我们的目标不是给出一个固定的答案，而是引导他们去思索更多的问题。

刚需微把控，好孩子都是父母“套路”出来的

做隐身型父母：悄悄治疗孩子的依赖性

有些父母可能认为，爱的内容就是控制。殊不知这种控制欲会造成孩子过度依赖父母，很难独立。若父母总是过度包办，孩子的心灵空间就会被归置成一个格局极小的置物架，只能内置，无法扩展。长此以往，孩子会渐渐失去自主选择的能力和意识，变得越来越没有灵气。

原生家庭档案

清晨7点半的哈尔滨，街头熙攘，人潮涌动。在这繁忙的都市画卷中，有一位特殊的行者——一个年仅11岁的盲童。她扎着马尾，手中的盲杖在路面上敲敲打打，如同她的眼睛，帮她在这庞大的都市森林中小心翼翼地探路。不远处，她的母亲静静地陪伴着，像是一位守护者，在默默地注视着这一切。

每当走到繁忙的路口，母亲便会轻步上前，挡住那些即将转向的车辆，用身体为孩子筑起一道安全的屏障。然而，当有人试图挪开路上的自行车以方便孩子通过时，母亲却急

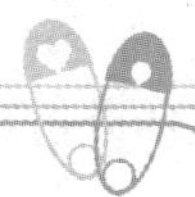

忙摆手示意“不必”，她更愿意让孩子自己去探索，去感知这个世界。

有时，孩子在摸索中会遇到障碍，甚至会在原地打转，找不到前进的方向。而那位始终与孩子保持着三四米距离的母亲，虽然心疼，却始终没有“出现”，只是“狠心”地看着孩子在困难和挫折中寻找自己的路。终于，经过一次次的尝试和摸索，孩子成功地找到了出路。

这位母亲，她既不远离孩子，也不轻易靠近，始终保持着一种微妙的距离。她准备着随时为孩子挡住危险，但又不轻易伸手，以免孩子产生依赖。她的教育方式既非放任自流，也非全盘操控，而是在陪伴与放手之间寻找到了一个微妙的平衡。在亲子陪伴这门人生重要的课程中，这位“隐身”母亲的智慧与做法，无疑值得每一位家长深思。

清醒点！你已经伤了孩子

有时，对孩子成长过多的援手反而会成为一种无形的束缚。在相互依赖的关系中，那些承担照顾角色的人，常常沉醉于自身的优越感之中，他们不遗余力地投身于对方的生活，即便这种关怀并非必需。而被关怀的一方，则在接受这种照顾的同时，也承受着隐形的操控与压制，内心却难以割舍这份关怀。

在这样一种养育模式下，众多孩子因此滋生了依赖心理，使得他们习惯于在父母的庇护下寻求安全感。他们害怕孤独，对自己独立完成任务的能力缺乏信心，几乎在任何事情上都依赖于父母的协助。这种情况在学习上尤为明显，即使是小学的日常习题，他们也需要父母从旁指点。

如此，便形成了一种特殊的关系动态：一方沉溺于对对方的依赖，而另一方则满足于“被对方所依赖”的感觉。这种关系中把被满足、被控制等同于被爱，双方既是受害者，又是彼此的共犯。他们在这种不健康的关系中饱受痛苦，付出的一方总觉得自己是牺牲者，而接受的一方则被控制了成长与独立。

遗憾的是，许多父母并未意识到这种依赖共生关系对孩子的潜在危害，更有甚者甚至对此非常满意，因为如此一来，他们便能够轻易操控孩子的思想和意志。

正确的教养方式

一个勇于直接面对挫折的孩子，其独立性往往相当出色。即便脱离了父母的庇护，他们也能游刃有余地独自生活，因为他们无所畏惧，勇往直前。作为父母，应当避免过度束缚孩子，当挫折降临时，只需给予适度的引导便足矣。

第一，相信孩子可以独立

控制型父母之所以采取保姆式教育，全方位围绕孩子转，源于他们对孩子独立解决问题能力的不信任。这种不信任导致他们精神紧张，焦虑不安，于是疲于奔命地围绕在孩子周围，最终培养出的，却可能是依赖性极强的“巨婴”。

第二，给孩子提供独立解决问题的机会

父母可以有意为孩子“设计”一些难题，鼓励他们自行解决、自由表达想法，允许孩子尝试不同方法。这一过程能有效提升孩子的思考能力、应变能力和决策能力，对他们的思维发展和勇气的培养大有裨益。

第三，克制住！就算孩子做得不好也别插手

父母若因孩子表现欠佳或速度稍慢就代为操办，不仅剥夺了他们熟悉和巩固技能的机会，还会打击他们自立的愿望和尝试的热情。这种做法可能会让孩子认为，“我不如爸爸妈妈做得好，还是让他们来吧”，或者“我这样做会让爸爸妈妈不开心，也许我本来就不该自己动手”，这种心态下，孩子的依赖心理只会越来越强。

自然后果法：受到惩罚，孩子才会长记性

孩子犯了错，如同在生活的画卷上误涂了一笔，或许他还懵懂无知。这时，父母需以细腻之心，自然而然地引导他，让他明了那笔误落何处，为何成了瑕疵。唯有如此，孩子才能在心中深刻描绘出这份体悟。待到下次面对同样情境，他便能应对自如。

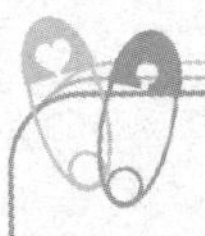

原生家庭档案

徐宁虽然已经八岁了，但仍然不会照顾自己，上学忘带午餐的情况时有发生。为此，忧心忡忡的父母不得不在繁忙之中抽出时间为他送饭。但他们并不想这样迁就孩子的不良习惯。

爸爸曾多次提醒徐宁，但没什么效果，徐宁依旧频频遗忘。无奈之下，父亲咨询了一位教育界朋友，朋友建议道：当孩子多次犯错屡教不改时，不妨让他亲身体验一下错误的后果，他就知道应该怎样做了。

爸爸与徐宁妈妈深入商议后，决定尝试一下。回家后，

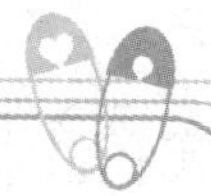

爸爸将徐宁唤至身前，语气平和地对他说："徐宁，你现在已经上小学了，有些事情应该学会自己处理，不要让爸爸妈妈再为你操心。记得以后每天带午饭，因为我们都很忙，不能总是给你送饭。从今往后，我们都不会再给你送饭了，如果你再忘记带午饭，那就只能自己饿肚子了。"

然而，这个计划的实施并不如想象中那般顺利。因为每当徐宁忘记带午饭时，他的老师总是好心借钱给他，让他自己去买吃的。为此，爸爸特地来到老师的办公室，详细解释了自己的打算。老师听后表示赞同，并答应不再借钱给徐宁买午饭。

不久后的一天，徐宁再次忘记带午饭，他向老师借钱时，老师拒绝了他。徐宁只好给爸爸妈妈打电话，希望他们能把午饭送来。但爸爸妈妈坚定地拒绝为他送饭，并提醒他要遵守约定。

从那以后，他再也没有忘记过带午饭。

清醒点！你已经伤了孩子

在控制欲强的家长眼中，孩子无论做什么，似乎都难以令他们满意。比如，他们会纠正孩子使用筷子的方式，指责孩子的书写习惯，甚至对孩子无拘无束的笑声也加以限制。

父母一味否定，却吝于给予孩子明确的缘由，这样的做法难以让孩子信服，更不要说真心认同。

实际上，我们所认为的“错误”，是基于我们自己的人生经验和判断，但在孩子眼中，这些可能只是无关紧要的小事，甚至我们的行为被其视为夸大其词。因为在他们的认知框架里，还缺乏相应的经验支撑。

如果家长不能清晰地向孩子解释，为何某种行为是错误的，以及这种行为会带来何种后果，而只是简单地以命令式口吻告诫孩子不要这样做，那么即使孩子口头上答应改正，他们也可能并不真正理解自己错在何处。这正是孩子们反复犯同样错误的核心原因。

而“自然后果法”则提醒父母：当孩子犯错时，不要急于指责，而是应该让孩子自己承担因为自己的错误而直接造成的后果，给他们以心理惩罚。这样，孩子在承受后果的同时，就会感受到心情的不悦甚至是痛苦，他们就能学会自我反省，自己弥补过失，纠正错误。

正确的教养方式

不同的孩子有不同的思维方式，对于父母的同一行为，有些孩子可能会当成“为我好”的关怀，而另一些孩子则可能觉得这是一种变相的“惩罚”。

“自然后果法”同样具有其双面性。若运用不当，不仅无法达到预期的教育效果，反而可能激发孩子的叛逆心理。他们可能不仅无法认识到自己的错误，还会因行为的后果而将愤怒转移到实施“自然后果法”的父母身上，从而影响亲子关系的和谐。

因此，在运用“自然后果法”时，父母务必牢记以下三个关键原则：

第一，不可以借题发挥

“自然后果法”强调的是事情自然发展的结果。其核心在于，孩子通过自己的行为体验到不愉快的后果，即“自作自受”，从而学会总结因果关系，并自发地改正不当行为。这一过程无须父母的额外强调或干预。比如，“让你不长记性，知道饿了吧？”

父母任何形式的借题发挥，都可能打断孩子对自然后果的体验以及其后的自我调整过程。因为这样做实际上是在孩子原本能够自然获得的后果体验上，叠加了责难、羞辱或痛苦，使孩子的注意力从体验后果转移到了应对父母的情绪上，从而丧失效果。

第二，不可以半途而废

父母若因心疼孩子而放弃了原则，不能坚守既定的计划，那么孩子就无法完整地体验到自然后果。这样，他们便无法真切地了解自己行为的适当性，也无法学会在恰当的时机做出恰当的选择，更难以养成良好的行为习惯。相反，他们可能会形成一种坏习惯：每当遇到困难无法解决时，就通过不断纠缠父母来达到目的。

第三，有必要的话，提前讲明后果

高敏感的孩子很容易对父母的行为产生过多的联想，并由此产生负面的心理体验。因此，在对这类孩子采用自然后果法时，父母应事先向孩子明确说明，某种行为将会导致何种后果。这样做可以让孩子感受到，父母并非对他们漠不关心，也能避免伤害到孩子。

正向引导：不说不可以，让他明白该怎样做

孩子对外界事物的探索渴望犹如潺潺流水，源头就在他们心里。若在这条河流的前方设置阻碍，水流会被迫改变流淌路径，或者只能无奈地流回它的发源地。当你察觉到孩子不再向你提出任何要求时，或许并不是他变得懂事了，而是心中已悄然升起绝望的阴霾。

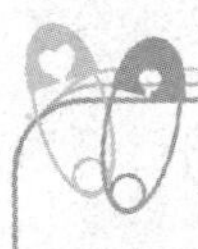

原生家庭档案

孩子兴致勃勃地对妈妈说："妈妈，我好想养一只小狗啊。"

妈妈微笑着回应："哦？想养小狗啊，那你能告诉妈妈，你想养什么品种的小狗吗？"

孩子一下子被问住了，他对狗狗的品种并不了解，于是开始翻阅资料，并向身边有宠物的小伙伴咨询各种狗狗的信息。在这个过程中，孩子逐渐了解了不同狗狗的外貌特征和习性，还学到了许多犬类的知识，同时也锻炼了自己寻找和解决问题的能力。

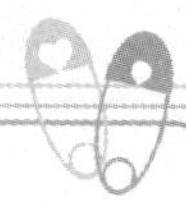

经过一番研究，孩子终于确定了自己的选择：“妈妈，我想养一只小柴犬。”

妈妈点头称赞：“嗯，柴犬确实是个不错的选择。那么，我们接下来该如何得到一只小柴犬呢？”

妈妈向孩子介绍了几种可能的方式：可以去宠物店购买，但价格不菲；或者看看亲戚朋友家里是否有狗狗生了小狗，这样可以免费领养一只，但要看运气；还有一种选择就是收养一只流浪小狗。

母子俩经过一番商议，决定采用最经济的方式，先在小区里碰碰运气，看看能否遇到合适的小流浪狗。

于是，这个六岁的孩子满怀期待地跟着妈妈在小区里“搜寻”了好几天，想找到出生不久的小流浪狗。在这个过程中，孩子的专注力、观察力和耐力都得到了显著提升。因为他心中有着强烈的愿望，所以自然会坚持不懈地努力寻找解决问题的办法。

经过几天的搜寻未果，亲戚朋友家中也无小狗可领养，母子俩最终决定执行C计划，前往宠物店挑选一只小柴犬。此时，妈妈对孩子说：“这只小柴犬价格适中，但也不算便宜。考虑到它并不在我们这个月的家庭支出计划内，我们需要另想办法筹集资金。要不这样，我们一起努力攒钱怎么样？我们可以设立一个小柴犬购买专项基金。妈妈会加班多赚点钱，而你则要负责自己的个人卫生，尽量减轻妈妈的负担，让妈妈有更多时间工作。同时，我们要暂时戒掉零食。我们一起努力，很快就能攒够钱买小柴犬了。”

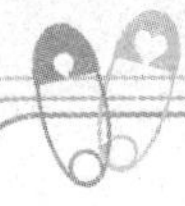

这位妈妈的高明之处在于，她在无形中给孩子上了一堂生动的财商课。孩子不仅了解到了小狗的市场价值，还学会了如何通过自己的努力去实现愿望。在攒钱的过程中，孩子的自理能力得到了提升，吃零食的习惯也得到了纠正。看着妈妈每天加班到很晚才回家，孩子学会了关心和体谅妈妈，主动为妈妈拿拖鞋、倒水、按摩，深刻体会到了妈妈的辛劳和不易。这样的经历无疑增进了母子之间的感情。

这不就是我们心目中那个“别人家的孩子”吗？

清醒点！你已经伤了孩子

美国心理学家塞利进行了一项独特的实验：他将狗囚禁于笼中，每当蜂音器响起，便对狗施以电击。笼中的狗无处可逃，只能在狭小的空间内狂奔，伴随着惊恐与哀叫。经过多次这样的实验后，一个令人心痛的转变发生了——蜂音器再次响起时，狗不再尝试逃脱，而是趴在地上，不再狂奔，哀叫连连。

在实验的后续阶段，塞利在给予电击之前，特意为狗打开了笼门。然而，这时的狗并未选择逃离，反而直接倒在地上，呻吟着，颤抖着。它明明拥有了逃避的自由，却选择了绝望地等待痛苦的降临。这便是“习得性无助”的心理效应，就是当反复尝试某一件事情均无法取得成功的时候而形成的听任摆布的行为、心理状态。

类似地，当孩子的需求屡次被拒绝和批评时，家长不仅是在拒绝孩子的需求，更是在逐渐扼杀孩子提出需求的能力。

或许，孩子的某些渴望与需求确实超出了家庭的承受能力，这本应被视为成长中的探索与尝试，却被家长误解为不懂事的表现，而孩子则可能因此将拥有欲望本身视为一种错误。

每一次孩子鼓起勇气尝试表达内心的渴望,却只换来家长的一声“不行！”这对他们而言，无异于一次次对心灵的电击。久而久之，孩子便陷入了“习得性无助”的深渊，变成了一个不再敢于表达任何要求的“乖孩子”。即便在遭遇不公与欺凌时，他们也会沉默，即使内心痛苦难当，也只会强颜欢笑，低着头说“没事”。

正确的教养方式

在孩子的培养过程中，父母需要学会恰当地拒绝。孩子只有明确了原则和界限，才能真正地成熟起来。然而，有些时候，我们不能仅仅简单地对孩子说“不”。孩子的能力，往往是在得到许可后逐渐增强的；孩子的思维，也常常是在自由的环境中充分展开的。父母在日常生活中少些拒绝，实际上是对孩子深沉爱意的体现。

第一，允许孩子表达欲望

过度限制孩子，可能会使他们像一棵被过度修剪的小树，变得脆弱不堪，枝叶稀疏。因此，要允许孩子自由表达他们的愿望和需求。对于合理的请求，父母可以尽量满足；对于不合理的或者暂时无法满足的请求，父母可以与孩子一起探讨其他解决方案，而不是直接拒绝。如果孩子的愿望总是得不到满足，他们可能会寻求其他不正当的途径来满足自己，比如偷窃。

第二，不要执着于“可不可以”

明智的父母面对孩子的问题，不会陷入轻易说“可以”或“不可以”的固定思维，而是会给予正向、积极的评价，帮助他们自己发现阻碍，改变“我不行”的错误认知，从而打破习得的无助感。面对孩子提出的难题，他们不会断然拒绝，而是将问题的主导权交还给孩子。他们的任务是，为孩子提供丰富多样的解决方案，让孩子自主选择与探索，并引导孩子逐步学会思考和解决问题。这一过程中，孩子所获得的知识、思考和感悟，将成为他们终生受益的宝贵财富。

第三，如果要求不合理，告诉孩子为什么不可以

当父母面对孩子的不合理要求时，应该以孩子能接受的方式，耐心地进行解释。让孩子理解为何这些要求无法满足，尽管这个过程可能需要花费一些时间，但它能帮助孩子更加清晰地认识到被拒绝的原因。

引诱进步：顺着孩子的节奏将其导入正途

父母如果善于发现并珍视孩子的独特优点，有意识地将目光聚焦于孩子成长的足迹与取得的进步上，那他们看到的，不仅仅是成果的光鲜，还有孩子背后那份不懈的努力与坚持。在这份爱与理解的滋养下，孩子会逐渐明白：“我所做的，是值得肯定的；只要我愿意努力，就能不断前行，成就更好的自己！我可以做到！”

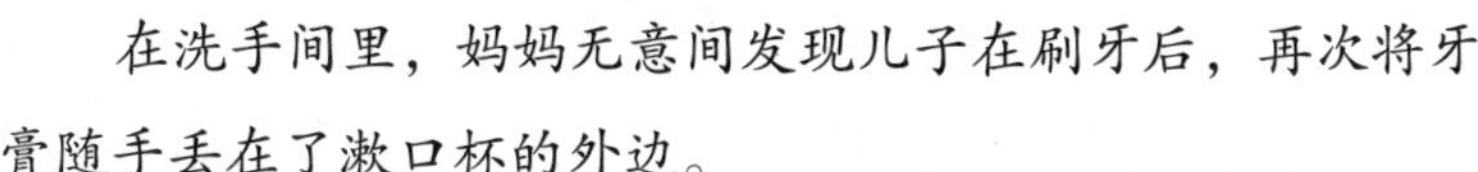

在洗手间里，妈妈无意间发现儿子在刷牙后，再次将牙膏随手丢在了漱口杯的外边。

妈妈感到十分恼火，她将儿子叫到身前，责备他说：“你已经长大了，应该能料理自己的生活琐事了！你看，牙膏又被你乱放在外面。我之前不是告诉过你，用完牙膏要放回杯子里吗？”

儿子对妈妈的话似乎并不在意，只是随口应付：“知道了。”

妈妈察觉到儿子的敷衍态度，明白自己的话没有引起他

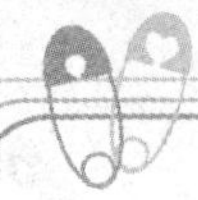

足够的重视，于是提高音量强调：“你给我听好了，每次用完牙膏都必须放回漱口杯里！”

儿子虽不情愿，但还是慢吞吞地走进洗手间，把牙膏放好，然后迅速离开。

“别忘了，以后不要再犯同样的错误。”妈妈再次提醒。

“知道了。”儿子又一次心不在焉地回答。

第二天，儿子刷完牙后，确实把牙膏整齐地放回杯子里，但妈妈视若未见，没有给予任何反馈。然而到了第三天，牙膏再一次被随意地扔在了杯子外面。

妈妈忍不住发火：“你怎么又这样，难道你又忘了把牙膏放好吗？”

儿子却理直气壮地回答：“我还以为你忘了呢。”

“为什么你会这么说？”妈妈不解地看着儿子。

“因为昨天我把牙膏放好了，但你却连一句肯定的话都没有！”儿子解释道。

清醒点！你已经伤了孩子

为什么有些孩子会再次犯同样的错误呢？原因在于，他们在改正错误后并未得到父母的肯定与重视，因此感到气馁，动力逐渐消散。

控制欲强的家长，往往容易忽视孩子微小的进步。他们对孩子抱有高期望，总期待孩子能一蹴而就满足他们全部的要求。因此，对于孩子那些细碎的进步，他们反应冷淡，不甚在意。

假若父母因孩子进步微小而不愿给予鼓励，孩子便会觉得家长对自己的努力视而不见，认为自己的付出都化为了泡影。久而久之，孩子会失去前进的动力，那些原本可能改变其一生的进步，也会因为缺乏强化而烟消云散。

设想一下，如果妈妈在发现孩子将牙膏放回杯子里后，亲昵地对他说："做得真好！妈妈相信你一定能改掉这个坏习惯的。"并且持续关注孩子的每一点进步，那么，孩子的内心将会是何等地感到满足与受到鼓舞呢？

正确的教养方式

从哲学的唯物辩证法角度看，质变是由量变逐步累积而成的。平日里看似微小的进步，累积起来就能引发显著的变化。从这个意义上说，父母若想让孩子彻底摒弃不良习惯，就应对他们的每一点细小的进步给予鼓励。

第一，适当放过孩子的不良行为

在面对非原则性问题时，父母可以适度忽略孩子的一些不良行为，将期望目标分解为小步骤，逐步推进，这样更易帮助孩子改掉坏习惯。换言之，当孩子展现出不良的生活习惯或行为时，父母不必过于苛责，而应在孩子偶尔未出现这些不良行为时，给予他们鼓励和肯定。

第二，要找到孩子值得肯定的地方

控制型的父母常会抱怨："我家孩子没有什么出众的地方，想夸都无从夸起。”为什么一定要出众？难道非要达到出类拔萃才值得夸奖？假若孩子此前尚不肯使用文明用语，而今却已能自觉践行，这便是进步；假若孩子以前尚显邋遢，而今却已懂得讲究卫生，这便是成长。换言之，只要孩子在某方面今天能比昨天有所进步，父母便应给予其恰当的肯定，让他知晓，这份进步已被父母看见、被父母铭记。唯有如此，方能激励孩子持续前行，不懈努力。

第三，鼓励和赞美虽好，但也不要过分泛滥

当鼓励和赞美成为家常便饭时，它们的价值便会大打折扣。过度的赞美和鼓励就像过甜的糖果，吃多了会让孩子感到腻味。因此，父母在鼓励孩子时应就事论事，针对具体优点进行表扬，同时也要适当提醒孩子改正缺点。这样做既能促进孩子的进步，又能防止他们因成长过程过于顺利而变得自负。